سیرتِ رسولؐ کے کچھ پہلو

(مضامین)

مرتبہ:

اعجاز عبید

© Taemeer Publications LLC

Seerat-e-Rasool ke kuch Pahlu (Essays)

by: Aijaz Ubaid

Edition: April '2024

Publisher :

Taemeer Publications LLC (Michigan, USA / Hyderabad, India)

ISBN 978-93-5872-194-2

مصنف یا ناشر کی پیشگی اجازت کے بغیر اس کتاب کا کوئی بھی حصہ کسی بھی شکل میں بشمول ویب سائٹ پر اَپ لوڈنگ کے لیے استعمال نہ کیا جائے۔ نیز اس کتاب پر کسی بھی قسم کے تنازع کو نمٹانے کا اختیار صرف حیدرآباد (تلنگانہ) کی عدلیہ کو ہو گا۔

© تعمیر پبلی کیشنز

کتاب	:	**سیرتِ رسولؐ کے کچھ پہلو** (مضامین)
مرتب	:	**اعجاز عبید**
صنف	:	سیرت النبیؐ
ناشر	:	تعمیر پبلی کیشنز (حیدرآباد، انڈیا)
سالِ اشاعت	:	۲۰۲۴ء
صفحات	:	۵۲
سرورق ڈیزائن	:	تعمیر ویب ڈیزائن

فہرست

(۱)	سیرت النبی ﷺ اور اصلاح معاشرہ	ناصر محمود کشمیری	6
(۲)	ناموس رسالت ﷺ اور ہماری ذمہ داریاں	ام عبداللہ طاہر	18
(۳)	محمد رسول اللہ ﷺ کا فکری انقلاب	یوسف صدیقی	24
(۴)	رسول اکرم ﷺ کی نرمی ورواداری	-	30

سیرت النبی ﷺ اور اصلاح معاشرہ
ناصر محمود کشمیری

اصلاح معاشرہ انفرادی تربیت کے ذریعے

معاشرہ ایک انسانی "عمارت" ہے جس کی اینٹیں وہ افراد ہیں جن کے معاشرتی تعلقات سے اس کے زندہ عناصر تشکیل پاتے ہیں، یہ عناصر جتنی قوت، زندگی اور شادابی فکر کے حامل ہوں گے اسی کے بقدر معاشرے کو میدان زندگی میں مقام و مرتبہ حاصل ہو گا۔

اسی لئے قرآن کریم فرد کی اخلاقی تربیت پر پوری توجہ دیتا ہے اور روحانی، عقلی اور مادی اعتبار سے تیار کرتا ہے تاکہ اسی تربیت کے ذریعے اسی کا مستقبل وجود ابھر سکے اور اسی کے صادر ہونے والے اقوال و افعال میں ذاتی اور آزاد ادارہ نکھر کر سامنے آئے۔

اصلاح معاشرہ

اخلاقی تربیت کا اظہار بلا چوں اور چرا اللہ اور اس کے رسول کے احکام کی پیروی سے ہوتا ہے۔

فَلَا وَرَبِّكَ لَا يُؤْمِنُونَ حَتَّىٰ يُحَكِّمُوكَ فِيمَا شَجَرَ بَيْنَهُمْ ثُمَّ لَا يَجِدُوا فِي أَنفُسِهِمْ حَرَجًا مِّمَّا قَضَيْتَ وَيُسَلِّمُوا تَسْلِيمًا (النساء 65)

"اے محمد تمہارے رب کی قسم یہ کبھی مومن نہیں ہو سکتے جب تک کہ وہ اپنے باہمی اختلافات میں تم کو فیصلہ کرنے والا نہ مان لیں، پھر جو کچھ تم فیصلہ کرو اس پر اپنے دلوں میں کوئی تنگی محسوس نہ کریں بلکہ سراسر تسلیم کر لیں۔"

(اِنَّ الَّذِينَ اتَّقَوْا اِذَا مَسَّهُمْ طَائِفٌ مِنَ الشَّيْطَانِ تَذَكَّرُوا فَإِذَا هُمْ مُبْصِرُونَ)
(الأعراف 201)

"حقیقت میں جو لوگ متقی ہیں ان کا حال تو یہ ہوتا ہے کہ کبھی شیطان کے اثر سے کوئی برا خیال انہیں چھو بھی جاتا ہے تو فوراً چونکنے ہو جاتے ہیں اور پھر انہیں صاف نظر آنے لگتا ہے ان کے لئے صحیح طریقہ کار کیا ہے۔"

اصلاح بذریعہ نماز

نماز انفرادی تربیت کا سب سے بڑا ذریعہ ہے اس لیے کہ وہ ایسا سرچشمہ ہے جس سے مسلمان تقویٰ حاصل کرتا ہے اور اپنے گناہوں کی آلودگیوں کو دھوتا ہے۔"

سیدنا ابن مسعود رضی اللہ عنہ سے مروی ہے کہ ' ایک مرتبہ ایک شخص نے ایک عورت کا بوسہ لیا (پھر اسے ندامت ہوئی تو) وہ نبی کریم صلی اللہ علیہ وسلم کی خدمت میں حاضر ہوا اور ماجرا سنایا اس پر اللہ تعالیٰ نے یہ آیت نازل فرمائی:

(وَأَقِمِ الصَّلَاةَ طَرَفَيِ النَّهَارِ وَزُلَفًا مِنَ اللَّيْلِ إِنَّ الْحَسَنَاتِ يُذْهِبْنَ السَّيِّئَاتِ)
(ہود 114)

"اور نماز قائم کرو دن کے دونوں سروں پر اور کچھ رات گزرنے پر بے شک نیکیاں برائیوں کو دور کر دیتی ہیں۔"

اس شخص نے کہا کیا یہ صرف میرے لیے ہے آپ صلی اللہ علیہ وسلم نے فرمایا: یہ میری امت

کے تمام افراد کے لئے ہے۔"

اس سے معلوم ہوا کہ خشوع و خضوع اور صدق دل سے نماز پڑھنے والے اللہ تعالیٰ کی محفوظ پناہ میں ہوتے ہیں، اگر انہیں کوئی تکلیف لاحق ہوتی ہے جزع و فزع نہیں کرتے اور اگر کوئی خیر حاصل ہو تو اسے روک کر نہیں رکھتے، اسی لیے قرآن میں نماز کے قیام کا حکم دیا گیا ہے اور ساتھ ہی نافرمانی سے اجتناب کے لئے فرمایا گیا ہے۔

(وَ اَنْ اَقِیْمُوا الصَّلٰوۃَ وَاتَّقُوْہُ وَھُوَ الَّذِیْ اِلَیْہِ تُحْشَرُوْنَ)(الانعام:72)

"نماز قائم کرو اور اس کی نافرمانی سے بچو، اسی کی طرف تم لوٹائے جاؤ گے۔"

نماز انسان کی تربیت کا ایک اہم ذریعہ ہے اگر اس کا وجدان ذلت و پستی کے احساس سے آزاد ہو جائے تو اسے کوئی پریشانی لاحق ہو گی نہ روزی کا خوف اور نہ وہ اللہ کے علاوہ کسی سے ڈرے گا۔ اسی طرح اگر اسے اس بات کا احساس ہو گا کہ اللہ تعالیٰ کے ساتھ اس کا گہرا تعلق ہے تو اسے اپنی زندگی کے بارے میں کوئی خوف نہیں ہو گا۔

اصلاح بذریعہ عجز و انکساری

اسلام مومن کے نزدیک دنیا کی حیثیت بتدریج کم کرنے کی کوشش کرتا ہے تاکہ لوگوں کو معلوم ہو جائے کہ دنیا اور مال و دولت فتنہ، ابتلاء اور آزمائش ہیں۔

قرآن کہتا ہے (وَلَا تَمُدَّنَّ عَیْنَیْکَ اِلٰی مَا مَتَّعْنَا بِہٖ اَزْوَاجًا مِّنْھُمْ زَھْرَۃَ الْحَیٰوۃِ الدُّنْیَا لِنَفْتِنَھُمْ فِیْہِ وَرِزْقُ رَبِّکَ خَیْرٌ وَّ اَبْقٰی)(طہ:131)

"اور نگاہ اٹھا کر بھی نہ دیکھو دنیوی زندگی کی اس شان و شوکت کو جو ہم نے ان میں سے مختلف قسم کے لوگوں کو دے رکھی ہے یہ تو ہم نے انہیں آزمائش میں ڈالنے کے لئے دی ہے اور تیرے رب کا دیا ہوا رزق حلال بہتر اور پائندہ ہے۔"

اس آیت کے ذریعہ انسانی اقدار کے اعتبار سے رد کیا گیا ہے تا کہ مال و متاع سے متعلق خالص مادی اقدار کے نتیجہ میں لاحق ہونے والے ضعف و اضمحلال سے مسلمان محفوظ رہیں۔ قرآن فرد کی تربیت کے ضمن میں اس کی حقیقت یوں بیان کرتا ہے

(فَلْيَنْظُرِ الْاِنْسَانُ مِمَّ خُلِقَ O خُلِقَ مِنْ مَاءٍ دَافِقٍ O يَخْرُجُ مِنْ بَيْنِ الصُّلْبِ وَالتَّرَائِبِ) (الطارق 5- 7)

"پھر ذرا انسان یہی دیکھ لے کہ وہ کس چیز سے پیدا کیا گیا ہے ایک اچھلنے والے پانی سے پیدا کیا گیا جو پیٹھ اور سینے کی ہڈیوں کے درمیان سے نکلتا ہے۔"

قرآن اس مفہوم کو متعدد مقامات پر بیان کرتا ہے تا کہ انسان کے دل میں یہ بات گھر کر جائے کہ اس کی اصل تخلیق کا مقصد کیا ہے؟ اسی کے مطابق تمام انسان مٹی سے پیدا ہوئے ہیں اور تمام انسانوں کی تخلیق "حقیر" پانی سے ہوئی، پس جس طرح انسان طبعی طور پر ایک دوسرے سے افضل نہیں اسی طرح ایک جنس دوسری جنس سے اور ایک قوم دوسری قوم سے تخلیقی اعتبار سے کوئی فضیلت نہیں رکھتی ہے۔

(يَا أَيُّهَا النَّاسُ إِنَّا خَلَقْنَاكُمْ مِنْ ذَكَرٍ وَأُنْثَى وَجَعَلْنَاكُمْ شُعُوبًا وَقَبَائِلَ لِتَعَارَفُوا إِنَّ أَكْرَمَكُمْ عِنْدَ اللَّهِ أَتْقَاكُمْ إِنَّ اللَّهَ عَلِيمٌ خَبِيرٌ)(الحجرات 13)

"لوگو! ہم نے تم کو ایک مرد اور ایک عورت سے پیدا کیا ہے پھر تمہاری قومیں اور برادریاں بنادیں تا کہ تم ایک دوسرے کو پہچانو، بے شک اللہ کے نزدیک تم میں سب سے زیادہ عزت والا وہ ہے جو تمہارے اندر سب سے زیادہ پرہیز گار ہے، بیشک اللہ سب کچھ جاننے والا اور باخبر ہے۔"

اصلاح معاشرہ اجتماعی تربیت کے ذریعہ

تعمیر معاشرہ کی پہلی بنیاد مومن فرد کی تربیت ہے تا کہ اس کی حیثیت معاشرے کی عمارت ، میں ایک اچھی اینٹ کی ہو اور صحیح رائے عامہ ہموار ہو۔ دوسری بنیاد فرد اور جماعت کے مابین الفت و محبت، ربط و تعلق پیدا کرتا ہے تا کہ دونوں میں سے ہر ایک پر کچھ ذمہ داریاں عائد ہوں اور کچھ حقوق ملیں ہر فرد سب سے پہلے اس بات کا مکلف ہے کہ اپنا مخصوص عمل اچھی طرح انجام دے کیونکہ کسی کام کو بحسن وخوبی انجام دینا عبادت ہے۔ دوسرا یہ کہ ہر فرد نگران ہے اور اس کی نگرانی معاشرے سے متعلق ہے۔ جیسا کہ رسول اللہ ﷺ کا ارشاد ہے:

"کلکم راع و کلکم مسؤول عن رعیتہ"

"تم میں ہر شخص نگران ہے اور اس سے اس کی رعیت کے بارے میں سوال کیا جائے گا۔"

(وَتَعَاوَنُوا عَلَی الْبِرِّ وَالتَّقْوٰی وَلَا تَعَاوَنُوا عَلَی الْاِثْمِ وَالْعُدْوَانِ)(المائدۃ:2)

"نیکی اور بھلائی کے کاموں میں ایک دوسرے سے تعاون کرو اور گناہ اور ظلم کے کاموں میں ایک دوسرے سے تعاون نہ کرو۔"

ہر فرد اس بات کا بھی مکلف ہے کہ اگر کوئی منکر 'برا کام' ہوتا ہوا دیکھے تو اسے روکے حدیث میں ہے کہ "تم میں سے کوئی شخص "منکر" ہوتا ہوا دیکھے تو وہ اسے اپنے ہاتھ سے روکے اگر اس کی طاقت نہ رکھتا ہو تو زبان سے روکے اور اگر اس پر بھی قادر نہ ہو تو دل سے برا سمجھے اور یہ ایمان کا کمزور ترین درجہ ہے۔"

اخلاقیات و کردار کا اجتماعی ضابطہ پوری مسلم جماعت کی ذمہ داری ہے، جو لوگ علی الاعلان گناہ کا ارتکاب کرتے ہیں ان کو عبرتناک سزا ملنی چاہیے اسی طرح سزا کے مستحق وہ لوگ بھی ہیں جو معاشرے میں برائیوں کا فروغ چاہتے ہیں اس لئے ایک ایسا ضابطہ

وجود میں لانے کا ہر شخص ذمہ دار ہے جس سے معاشرے میں مکارم اخلاق کی ترویج اور برے اقوال وافعال کا خاتمہ ہو۔

اصلاح وتربیت بذریعہ اسوۂ حسنہ

اللہ تعالیٰ نے رسول اللہ ﷺ کو مبعوث فرمایا تا کہ آپ ﷺ لوگوں کے لئے اسوہ ہوں۔ ارشاد باری تعالیٰ ہے

(لَقَدْ کَانَ لَکُمْ فِي رَسُولِ اللَّهِ أُسْوَةٌ حَسَنَةٌ)(الاحزاب:21)

”در حقیقت تم لوگوں کے لئے اللہ کے رسول میں ایک بہترین نمونہ تھا۔“

یعنی رسول اللہ ﷺ کی شخصیت نئے معاشرے کے لئے مینارہ نور ہے، سیدہ عائشہ رضی اللہ عنہا سے کسی نے سوال کیا کہ رسول اللہ ﷺ کے اخلاق کیسے تھے؟ تو انہوں نے فرمایا آپ ﷺ کے اخلاق قرآن (کا عملی نمونہ) تھے۔

رسول اللہ ﷺ نے اپنے کردار اور اخلاق سے اسی معاشرے کی تربیت فرمائی، اور ہر عمل میں اپنی ذات کو بطور نمونہ پیش کیا۔ رسول اللہ ﷺ کی صورت میں اسلام نے اس معاشرے کو جھنجھوڑ کر رکھ دیا تھا جس نے جاہلیت کی پستی سے اٹھا کر بلند چوٹی پر پہنچا دیا اور انہیں اس بات کا احساس دلایا کہ گویا ان کی پیدائش اور پرورش از سر نو ہو رہی ہے۔ خود مسلمانوں کو بھی بخوبی احساس ہو گیا تھا کہ معاشرے میں آنے والی یہ تبدیلی کتنی عظیم اور کتنی پر شکوہ ہے۔ چنانچہ انہوں نے خود کو اسی نظام الٰہی کے مطابق ڈھالنے کی کوشش کی جس کی برکتوں کا مشاہدہ انہوں نے رسول اکرم ﷺ کی صورت میں کیا تھا۔ اس عمیق شعور کے نتیجے میں ان کے دل میں جاہلیت کی تمام باتوں سے نفرت پیدا ہو گئی۔ اسی لیے آیت تحریم نازل ہونے کے بعد وہ رسول ﷺ سے سوال کرنے لگے تھے

"ماذا احل لھم ' ان کے لے کیا حلال کیا گیا ہے؟ اللہ تعالیٰ نے اس کے جواب میں فرمایا" قُلْ اُحِلَّ لَکُمُ الطَّیِّبَاتِ" کہو کہ تمہارے لیے ساری پاک چیزیں حلال کر دی گئی ہیں۔

سورۃ الاعراف میں رسول اللہ ﷺ کا یہ وصف بیان کیا گیا ہے کہ وہ ناپاک چیزوں کو حرام کرتے ہیں۔

اصلاح و تربیت بذریعہ وعظ و نصیحت

اسلام نے اجتماعی تربیت کے جو طریقے بتائے ہیں ان میں ایک وعظ و نصیحت ہے اس لیے کہ وہ نفس انسانی پر براہ راست اثر انداز ہوتا ہے۔ اچھی نصیحت دل و جان سے ہم آہنگ ہو جاتی ہے اگر اس کے ساتھ کوئی اسوۂ اور معاشرہ بھی ایسا ہو جو فرد کو اسوۂ اختیار کرنے پر اکسائے اور آمادہ کرلے اسوۂ حسنہ جذبات کو اپیل کرتا ہے اور ان میں جوش و ولولہ پیدا کرتا ہے۔ قرآن میں بکثرت ایسے مواعظ و ہدایات و تعلیمات موجود ہیں۔

(اِنَّ اللّٰہَ یَاْمُرُ بِالْعَدْلِ وَالْاِحْسَانِ وَاِیْتَاءِ ذِی الْقُرْبٰی وَیَنْہٰی عَنِ الْفَحْشَاءِ وَالْمُنْکَرِ)(النحل: 90)

"بیشک اللہ عدل واحسان کا حکم دیتا ہے اور قرابت داروں کے حقوق ادا کرنے کا حکم دیتا ہے اور بے حیائی اور برائی کے کاموں سے روکتا ہے۔

سورۃ النساء میں ارشاد فرمایا ہے کہ

(اِنَّ اللّٰہَ یَاْمُرُکُمْ اَنْ تُؤَدُّوا الْاَمَانَاتِ اِلٰی اَہْلِہَا وَاِذَا حَکَمْتُمْ بَیْنَ النَّاسِ اَنْ تَحْکُمُوْا بِالْعَدْلِ اِنَّ اللّٰہَ نِعِمَّا یَعِظُکُمْ بِہٖ)(النساء58)

"اور اللہ تم کو حکم دیتا ہے کہ امانتیں اہل امانت کے سپرد کر دو اور جب لوگوں کے درمیان فیصلہ کرو تو عدل سے کام لو اللہ تم کو نہایت عمدہ نصیحت کرتا ہے۔"

(وَلا تَقۡتُلُوا أَوۡلَادَكُمۡ خَشۡيَةَ إِمۡلَاقٍ نَحۡنُ نَرۡزُقُهُمۡ وَإِيَّاكُمۡ إِنَّ قَتۡلَهُمۡ كَانَ خِطۡئًا كَبِيرًاO وَلا تَقۡرَبُوا الزِّنَا إِنَّهُ كَانَ فَاحِشَةً وَسَاءَ سَبِيلًاO وَلا تَقۡتُلُوا النَّفۡسَ الَّتِي حَرَّمَ اللَّهُ إِلَّا بِالۡحَقِّ وَمَنۡ قُتِلَ مَظۡلُومًا فَقَدۡ جَعَلۡنَا لِوَلِيِّهِ سُلۡطَانًا فَلا يُسۡرِفۡ فِي الۡقَتۡلِ إِنَّهُ كَانَ مَنۡصُورًا)(الِاسراء33-31)

"اپنی اولاد کو افلاس کے اندیشے سے قتل نہ کرو ہم انہیں بھی رزق دیں گئے اور تمہیں بھی در حقیقت ان کا قتل ایک بڑی سزا ہے۔ زنا کے قریب نہ جاؤ، وہ بہت برا (فعل ہے) راستہ۔ قتل نفس کا ارتکاب نہ کرو، جسے اللہ نے حرام کیا ہے مگر حق کے ساتھ اور جو شخص مظلومانہ قتل کیا گیا ہو اس کے ولی کو ہم نے قصاص کے مطالبے کا حق دیا ہے پس چاہیے کہ وہ قتل میں حد سے نہ گزرے اس کی مدد کی جائے گی۔'

اصلاح و تربیت بذریعہ سزا

وعظ و نصیحت اسوۂ و حکمت کے ذریعے تربیت اسلام میں مطلوب اور پسندیدہ ہے یہ وہ ابتدائی اقدام اور مثالی طریقہ ہے جسے اللہ تعالیٰ نے نئے مدنی معاشرے کے لئے پسند فرمایا مگر جب اسوۂ اور وعظ و نصیحت کارگر نہ ہو تو اصلاح کے لئے قطعی علاج لازمی ہو جاتا ہے اور وہ ہے سزا۔

ابتدائی مرحلے میں اسلام ڈراتا ہے کہ ان کاموں سے اللہ تعالیٰ خوش نہیں ہو گا یہ تخویف و تہدید کا بہت ہلکا انداز ہے مثلاً:

(أَلَمۡ يَأۡنِ لِلَّذِينَ آمَنُوا أَنۡ تَخۡشَعَ قُلُوبُهُمۡ لِذِكۡرِ اللَّهِ وَمَا نَزَلَ مِنَ الۡحَقِّ وَلَا يَكُونُوا كَالَّذِينَ أُوتُوا الۡكِتَابَ مِنۡ قَبۡلُ فَطَالَ عَلَيۡهِمُ الۡأَمَدُ فَقَسَتۡ قُلُوبُهُمۡ وَكَثِيرٌ مِنۡهُمۡ فَاسِقُونَ)(الحدید 16)

"کیا ایمان والوں کے لئے ابھی وہ وقت نہیں آیا کہ ان کے دل ذکر الٰہی سے پگھل جائیں اور اس کے نازل کردہ حق کے آگے جھکیں اور وہ ان لوگوں کی طرح نہ ہو جائیں

جنہیں پہلے کتاب دی گئی تھی، پھر ایک لمبی مدت ان پر گزر گئی تو ان کے دل سخت ہو گئے اور آج ان میں اکثر فاسق ہیں۔"

یہ تہدید کا ایک انداز ہے۔ اگرچہ اہل ایمان کے دلوں پر اس کا گہرا اثر پڑا تھا لیکن اگلے مرحلے میں بصراحت غضب الٰہی سے ڈرایا گیا ہے۔

اخروی سزا

بعد کے مرحلے میں عذاب آخرت سے ڈرایا گیا ہے

(وَالَّذِینَ لَا یَدْعُونَ مَعَ اللّٰہِ اِلٰہًا آخَرَ وَلَا یَقْتُلُونَ النَّفْسَ الَّتِی حَرَّمَ اللّٰہُ اِلَّا بِالْحَقِّ وَلَا یَزْنُونَ وَمَنْ یَّفْعَلْ ذٰلِکَ یَلْقَ اَثَامًاO یُضَاعَفْ لَہُ الْعَذَابُ یَوْمَ الْقِیَامَۃِ وَیَخْلُدْ فِیہِ مُھَانًا)

(الفرقان68-69)

"جو اللہ کے سوا کسی اور معبود کو نہیں پکارتے، اللہ کی حرام کی ہوئی کسی جان کو ناحق ہلاک نہیں کرتے اور نہ زنا کے مرتکب ہوتے ہیں یہ کام جو کوئی کرے گا وہ اپنے گناہ کا بدلہ پائے گا، قیامت کے روز اسی کو مکرر عذاب دیا جائے گا اور وہ اسی میں ہمیشہ ذلت کے ساتھ رہے گا۔"

دنیاوی سزا

قرآن دنیا کے عذاب سے بھی ڈراتا ہے۔

(اِلَّا تَنْفِرُوا یُعَذِّبْکُمْ عَذَابًا اَلِیمًا وَیَسْتَبْدِلْ قَوْمًا غَیْرَکُمْ)(التوبۃ:39)

"تم نہ اٹھو گے تو اللہ تمہیں دردناک عذاب دے گا، اور تمہاری جگہ کسی اور گروہ کو اٹھائے گا۔"

(اِنَّمَا یُرِیدُ اللّٰہُ لِیُعَذِّبَہُم بِہَا فِی الْحَیَاۃِ الدُّنْیَا)(التوبۃ:55)

"اللہ یہ چاہتا ہے کہ انہی چیزوں کے ذریعے سے ان کو دنیا کی زندگی میں مبتلائے عذاب رکھے۔"

دور نبوی کے اسلامی معاشرے کی خصوصیات

اسلامی تصورات معاشرت انسان کے روحانی اور جسمانی ہر طرح کے تقاضوں اور ضروریات کی تکمیل کا نام ہے کہ جس کے پس منظر میں خالق کائنات کی ہستی کارفرما ہے۔ جو انسان کا خالق بھی ہے اور جس نے خود انسان کو {لقد خلقنا الاِنسان فی اَحسن تقویم} کے اعلان کے تحت اشرف المخلوقات بنا کر پیدا فرمایا ہے، اس لئے وہی مالک و خالق ہی خوب جانتا ہے کہ انسانوں کے لئے حسن معاشرت کا آئین کیا ہے اس لیے کہ اشرف المخلوقات کے لئے بہترین ضابطہ معاشرت کا نفاذ اسی کے ذمہ ہے چنانچہ اسلامی معاشرہ مندرجہ ذیل بنیادی عوامل پر معرض وجود میں آتا ہے۔

۱۔ توحید

معاشرہ کے ہر فرد کے لئے لازم ہے کہ وہ ہر دم اس بات پر پختہ یقین رکھے کہ اس کائنات کا خالق اور معبود ایک اللہ ہے جس کا کوئی ہمسر اور شریک نہیں جو سارے جہانوں کا مقتدر اعلیٰ اور مختار ہے۔

۲۔ اتباع رسول ﷺ

توحید کی اسی لازوال قوت کے ساتھ جب تک محبت رسول ﷺ کا مکمل اہتمام نہ ہو گا، اس وقت تک معاشرتی اقدار کی تکمیل ناممکن ہو گی۔ اس لیے توحید باری تعالیٰ کے ساتھ اتباع رسول ﷺ بھی معاشرے کے افراد کے لیے لازمی ہو گا۔

۳۔ فکر آخرت

توحید ورسالت کے بعد تیسرا سب سے بڑا معاشرتی عامل عقیدۂ آخرت ہے جس کی وجہ سے جزاء وسزا پر کامل یقین ہر وقت انسان کو ہوشیار رکھتا ہے اور انسان محاسبے اور مسؤلیت کے خوف سے ہر دم ڈرتا رہتا ہے اور جرم وگناہ یا شر وفساد کی جانب مائل ہونے نہیں پاتا بلکہ رضائے الٰہی کے حصول کی خاطر برائیوں سے بچنا ہی اس کے لیے خیر وفلاح کا باعث ہوتا ہے۔

۴۔ اظہار رائے

اسلام، انسانی ضمیر کو غیر اللہ کی عبادت اور اطاعت وفرمانبرداری سے آزاد کراتا ہے۔

۵۔ غریبوں کی کفالت

اسلام دعوت دیتا ہے کہ نفس کو ایسے سانچے میں ڈھالا جائے کہ انسان زندگی اور اس کی مسرتوں اور لذتوں کا غلام بننے کی بجائے انہیں قابو میں رکھے، ان سے لطف اندوز ہونے میں جائز حدود سے آگے نہ بڑھے، وہ حقیر ضروریات سے بلند ہو جائے، آپ اپنے آپ کو قابو میں رکھیں اور عارضی وحقیر مرغوبات کی بجائے ان چیزوں کی طرف لپکیں، جو بلند تر اور وسیع ترین ہوں۔

ارشاد باری تعالیٰ ہے:

(زُيِّنَ لِلنَّاسِ حُبُّ الشَّهَوَاتِ مِنَ النِّسَاءِ وَالْبَنِينَ وَالْقَنَاطِيرِ الْمُقَنْطَرَةِ مِنَ الذَّهَبِ وَالْفِضَّةِ وَالْخَيْلِ الْمُسَوَّمَةِ وَالْأَنْعَامِ وَالْحَرْثِ ذَلِكَ مَتَاعُ الْحَيَاةِ الدُّنْيَا وَاللَّهُ عِنْدَهُ حُسْنُ الْمَآبِ O قُلْ أَؤُنَبِّئُكُمْ بِخَيْرٍ مِنْ ذَلِكُمْ لِلَّذِينَ اتَّقَوْا عِنْدَ رَبِّهِمْ جَنَّاتٌ تَجْرِي مِنْ تَحْتِهَا الْأَنْهَارُ خَالِدِينَ فِيهَا وَأَزْوَاجٌ مُطَهَّرَةٌ وَرِضْوَانٌ مِنَ اللَّهِ وَاللَّهُ بَصِيرٌ بِالْعِبَادِ) (آل عمران14-15)

"لوگوں کے لئے مرغوب نفس عورتیں ، اولاد ، سونے ، چاندی کے ڈھیر، چیدہ گھوڑے، مویشی اور زرعی زمین بڑی خوش آئندہ بنادی گئی ہیں مگر یہ سب دنیا کی چندہ روزہ زندگی کا سامان ہیں، حقیقت میں جو بہتر ٹھکانا ہے وہ تو اللہ کے پاس ہے، کہو کہ میں تمہیں بتاؤں کہ ان سے اچھی کیا چیز ہے؟ جو لوگ تقوی کی روش اختیار کریں ان کے لیے رب کے پاس باغ ہیں جن کے نیچے نہریں بہتی ہوں گی، وہاں انہیں ہمیشہ کی زندگی حاصل ہو گی، پاکیزہ بیویاں ان کی رفیق ہوں گی اور اللہ کی رضا سے وہ سرفراز ہوں گے، اللہ اپنے بندوں کے رویئے پر گہری نظر رکھتا ہے۔(ماخوذ از سیرت النبی ﷺ اور اصلاح معاشرہ از نگہت رشید بتصرف)

آخر میں رب العزت سے دعا ہے کہ وہ ہمارے معاشرے کو مدنی معاشرہ بنادے۔

آمین

***

ناموس رسالت صلی اللہ علیہ وسلم اور ہماری ذمہ داریاں

ام عبداللہ طاہر

"اللہ تعالیٰ نے مومنوں پر بڑا احسان کیا کہ جب ان میں انہیں میں سے رسول صلی اللہ علیہ وسلم بھیج دیا جو ان کو قرآن کی آیات پڑھ کر سناتا ہے اور ان کا تزکیہ کرتا ہے۔ اور ان کو کتاب و حکمت کی تعلیم دیتا ہے۔ اگرچہ اس سے پہلے وہ ظاہر گمراہی میں مبتلا تھے۔"

اس آیت سے یہ معلوم ہوتا ہے کہ اللہ کے رسول صلی اللہ علیہ وسلم کی آمد جہاں تمام جہان والوں کے لئے رحمت تھی وہاں اللہ کا بڑا احسان یہ ہے کہ وہ اپنے ساتھ ایسی نعمتیں بھی لائے جو میرے لئے آخرت میں کامیابیوں کا ذریعہ ہیں۔ اور وہ چیزیں کیا تھیں جو ہمارے لئے لائے اور پھر اپنے جانے کے بعد بھی ہمارے درمیان چھوڑ گئے۔

وہ کتاب و حکمت کی تعلیم تھی۔ امام شافعی رحمہ اللہ کے نزدیک حکمت سنت رسول صلی اللہ علیہ وسلم ہے۔ وہ تحفہ جو ہمارے لئے لائے اور جو ورثہ ہمارے لئے چھوڑ گئے ہم اس ورثے کے ساتھ کیا سلوک کر رہے ہیں۔ یہ ہمارے لئے سوچنے کی بات ہے۔

اللہ کے نبی صلی اللہ علیہ وسلم نے قرآن پڑھ کر سنایا آج کتنے لوگ ہیں جو اس قرآن کو اس طرح پڑھتے ہیں جیسے نبی صلی اللہ علیہ وسلم نے پڑھ کر سنایا۔ ہمارے پڑھنے کے انداز کتنے درست ہیں اور اس پر ہماری کتنی توجہ ہے اور نبی صلی اللہ علیہ وسلمنے ہمارا

تزکیہ کیا تو ہمارے تزکیہ نفس کا کیا حال ہے ؟ ہماری سوچیں کس حد تک اس طریقے کے مطابق ہیں جو نبی صلی اللہ علیہ وسلم لائے۔ قرآن پاک کے ساتھ تو ہمارا تعلق کسی نہ کسی بہانے سے رہتا ہی ہے اور کچھ نہیں تو کوئی مر جائے یا کوئی خاص موقع آجائے تو ختم کا اہتمام کر لیتے ہیں۔ لیکن وہ چیز جسے سنت رسولصلی اللہ علیہ وسلم یا حکمت کہا جاتا ہے اس کے ساتھ ہمارا کیا معاملہ ہے ؟ ہم محبت کا دعویٰ کرتے ہیں لیکن محبوب کی سیرت کو نہیں جانتے کہ انہوں نے دین کے لئے کیا کیا قربانیاں دیں۔ ہمارا رسول معظم صلی اللہ علیہ وسلم سے ایک جذباتی تعلق تو ہے لیکن جیسے ایک قلبی تعلق ہونا چاہئے وہ نظر نہیں آتا اور ہم جو مسلمانوں کو زوال کی طرف جاتا دیکھتے ہیں تو یہ اس بات کی علامت ہے کہ ہم نے رسول اللہ صلی اللہ علیہ وسلم کے طریقے کو چھوڑ دیا ہے۔ دوسری طرف ہم ان صحابہ کرام کو دیکھتے ہیں جنہوں نے آپ صلی اللہ علیہ وسلم کی پیروی کی آپ صلی اللہ علیہ وسلم اتباع کی وہی صحرا میں رہنے والے جن کے پاس علم نہ تھا وہ دنیا کے پیشوا اور امام بن گئے۔ وہ کون سا علم تھا ؟ وہ کون سا فن تھا؟ جس نے مسلمانوں کو اتنے عروج تک پہنچایا۔ وہ دراصل نبی صلی اللہ علیہ وسلم کی لائی ہوئی تعلیمات اور آپ صلی اللہ علیہ وسلم کی تربیت کا ہی نتیجہ تھا۔

صحابہ کرام رضی اللہ عنہم اس بات کے زیادہ سے زیادہ حریص رہتے تھے کہ آپ صلی اللہ علیہ وسلمؐ کی اقتداءؑ کر کے زیادہ سے زیادہ قرب حاصل کریں اس مقصد کے پیش نظر تین صحابی آپ صلی اللہ علیہ وسلم کے گھر گئے انھوں نے پردے کے پیچھے سے ام المومنین سیدہ عائشہ رضی اللہ تعالیٰ عنہا سے درخواست کی کہ رسول اللہ صلی اللہ علیہ وسلم کی اندرون خانہ عبادت و عمل کے بارے میں بتایئے ان کی خواہش تھی کہ ہماری عبادت اور اس کا طریقہ ٹھیک نبی کریم صلی اللہ علیہ وسلم کے طریقے کے عین مطابق ہو

جائے۔ ہم بالکل اسی طرح عمل کریں جیسے اللہ کے رسول صلی اللہ علیہ وسلم کرتے تھے۔

ایمان کی نشانی یہ ہے کہ انسان اطاعت واتباع کے ذریعے اس کا اظہار کرے۔ اتباع کا امتحان نبی صلی اللہ علیہ وسلم کے زمانے میں ہی ہو گیا اور اتباع یہی ہے کہ چاہے حکم آئے یا نہ آئے آپ صلی اللہ علیہ وسلم کی سیرت اور طرز عمل کو دیکھ کر ویسا ہی طریقہ اپناتے چلے جانا۔

مثلاً نبی صلی اللہ علیہ وسلم نے انگوٹھی پہنی تو صحابہ کرام رضی اللہ عنہم نے بھی پہن لی۔ جب آپ صلی اللہ علیہ وسلم نے اتاری تو صحابہ نے بھی اتار دی۔

اسی طرح جب مدینہ تشریف لے گئے تو ۱۶۔۱۷ ماہ تک بیت المقدس کی طرف منہ کر کے نماز پڑھتے رہے۔ پھر نماز کی حالت میں حکم آیا اپنا رخ بیت اللہ کی طرف موڑ لیں۔ آپ صلی اللہ علیہ وسلم نے اپنی جگہ چھوڑی اور سب سے پچھلی صف کی طرف آ کر کھڑے ہو گئے اور دوسری طرف منہ کر لیا صحابہ کرام نے نہ تو نماز توڑی اور نہ ہی کچھ کہا بلکہ اپنا رخ نماز کی حالت میں ہی بیت اللہ کی طرف موڑ لیا۔ اسی کو اتباع کہتے ہیں اور ہمارے لئے یہ بات چھوڑ دی گئی کہ اگر تم اللہ کی محبت کا دعویٰ کرتے ہو تو محبت کا دعویٰ اس وقت تک سچا نہیں ہو سکتا جب تک نبی صلی اللہ علیہ وسلم کی اتباع نہ کرو۔

آیئے ایک نظر اُن صحابہ کرام پر بھی ڈالتے چلیں جن کے دل محمد عربی صلی اللہ علیہ وسلم کی محبت سے سرشار تھے۔ مدینہ منورہ میں جب اللہ کے رسول صلی اللہ علیہ وسلم ابو ایوب انصاری رضی اللہ عنہ کے ہاں ٹھہرے، ان کا گھر دو منزلہ تھا انھوں نے نچلی منزل اللہ کے رسول صلی اللہ علیہ وسلم کے لئے خالی کر دی اور خود بالاخانے میں تشریف لے گئے۔ رات کو اچانک ابو ایوب انصاری رضی اللہ عنہ کو خیال آیا کہ اللہ کے رسول صلی اللہ علیہ وسلم نیچے ہیں اور ہم ان کے سر کے اوپر چلتے ہیں کہیں یہ بے ادبی نہ ہو۔ چنانچہ یہ

خیال آتے ہی وہ اور انکے اہل خانہ نے ساری رات ایک کونے میں گزار دی صبح کے وقت ابو ایوب انصاری رضی اللہ عنہ نے نبی کریم صلی اللہ علیہ وسلم سے عرض کی کہ آپ اوپر تشریف لے آئیں کیونکہ مجھ میں اتنی ہمت نہیں کہ میں اس چھت کے اوپر چڑھوں جس کے نیچے آپ صلی اللہ علیہ وسلم تشریف فرما ہوں۔

☆ جب اللہ کے نبی صلی اللہ علیہ وسلم کھانا تناول فرما لیتے تو باقی بچ جانے والے کھانے میں سے ابو ایوب انصاری رضی اللہ عنہ کھانا کھایا کرتے اور پوچھتے کہ اللہ کے رسول صلی اللہ علیہ وسلم نے کس جگہ سے کھانا کھایا ہے۔ تاکہ وہ بھی برتن کی خاص اسی جگہ سے کھانا کھائیں۔

☆ صحابہ کرام رضی اللہ عنہم جس طرح رسول اللہ صلی اللہ علیہ وسلم کا ادب و احترام کرتے تھے اس کا اظہار کئی طریقوں سے ہوتا تھا۔ جب آپ صلی اللہ علیہ وسلم سامنے بیٹھتے تو فرط ادب کی تصویر بن جاتے۔ احادیث سے معلوم ہوتا ہے کہ صحابہ کرام آپ صلی اللہ علیہ وسلم کے سامنے اس طرح بیٹھتے تھے گویا ان کے سروں پر پرندے بیٹھے ہوئے ہیں۔ کیونکہ

ادب پہلا قرینہ ہے محبت کے قرینوں میں

اور آپ صلی اللہ علیہ وسلم کے بعد جب آپ صلی اللہ علیہ وسلم کی مبارک صحبتوں کی یاد آتی ہے تو صحابہ کرام کی آنکھوں سے بے اختیار آنسو جاری ہو جاتے۔ ایک بار حضرت ابو بکر رضی اللہ عنہ اور حضرت عباس رضی اللہ عنہ انصار کی ایک مجلس میں گئے تو دیکھا کہ سب لوگ رو رہے ہیں۔ سبب پوچھا تو بولے "ذکرنا مجلس النبی منّا" ہم کو آپ صلی اللہ علیہ وسلم کی مجلس کی یاد آگئی تھی۔ (بخاری)

سیدنا ابو بکر صدیق رضی اللہ عنہ فرماتے ہیں میں کوئی ایسی چیز نہیں چھوڑ سکتا جس پر

رسول اللہ صلی اللہ علیہ وسلم عمل کیا کرتے تھے۔ کیونکہ مجھے ڈر ہے کہ اگر میں رسول اللہ صلی اللہ علیہ وسلم کے قول و فعل میں سے کوئی چیز چھوڑ دوں گا تو گمراہ ہو جاؤں گا۔ (بخاری)

گویا صحابہ کرام رضی اللہ عنہم رسول اللہ صلی اللہ علیہ وسلم کی اطاعت و فرماں برداری کو ہی اپنی متاع حیات سمجھتے تھے۔ انہوں نے آپ صلی اللہ علیہ وسلم سے خالی زبانی کلامی محبت کا دعویٰ نہیں کیا تھا بلکہ انہوں نے اپنے عمل اور سچی تابعداری سے ثابت کر دیا تھا کہ جس کے ساتھ محبت ہوتی ہے اس کی اتباع کی جاتی ہے۔

صحابہ کرام کی محبتیں ہمارے لئے نمونہ ہیں۔ لیکن آج کے دور میں ہماری محبتیں نبی پاک صلی اللہ علیہ وسلم کے لئے کیسی ہیں؟ گانے بجانے کے ساتھ آپ صلی اللہ علیہ وسلم کی محبت کے دم بھرے جا رہے ہیں۔ دنیا میں ہم دیکھتے ہیں جس شخص کو جس سے محبت ہوتی ہے اس کا اٹھنا بیٹھنا اس کے ساتھ ہوتا ہے۔ اس کی چال ڈھال، رنگ ڈھنگ اس کا لباس اس کی ہر چیز ویسی ہی ہو جاتی ہے اور قوم جس قوم سے محبت کرتی ہے سات سمندر پار اس قوم جیسا لباس پہنتی ہے۔ مثلاً جیسے ہم انگریزوں سے محبت کرتے ہے۔ ان کی زبان سے ان کے لباس سے، ان کے اٹھنے بیٹھنے کے اسٹائل سے محبت کرتے ہیں ان کے ہر طریقے پر جانیں وارتے ہیں، وہاں سے آئی ہوئی چیزوں کو ہم سینوں سے لگاتے ہیں۔ کیوں؟ کیوں کہ اسے محبت کہتے ہیں!

ہم اپنی شادی بیاہ کی رسموں کو دیکھ لیں۔ اپنے مرنے جینے کی رسموں سے لیکر کھانا پینا، اٹھنا بیٹھنا، چال ڈھال یہ سب کچھ ہندوانہ کلچر کی نمائندگی ہے اور ہم تمام اس میں ملوث ہیں۔ لہٰذا اللہ نے ایک بڑا امتحان رکھ دیا ہے کہ اگر تمہیں مجھ سے محبت کا دعویٰ ہے تو جاؤ نبی صلی اللہ علیہ وسلم کی زندگی کو دیکھو ان کی تعلیمات پر غور کرو اور ان پر عمل

کرو۔

اب سوچنے کی بات ہے کہ ناموس رسالت کے تحفظ کے لئے ایک عورت اپنا کیا کردار ادا کر سکتی ہے۔ اور یہ ذمہ داری بطریق احسن انجام کیسے دے سکتی ہے۔ جبکہ اگر اس کا دائرہ کار صرف گھر کی چار دیواری ہو اور کہیں اس کی اولاد اس کے پاؤں کی زنجیر بنتی ہو اور شوہر کی اطاعت بھی ضروری ہے۔

لیکن ابھی عورت کے لیے ایک وسیع میدان موجود ہے۔ اور وہ یہ ہے کہ اپنی اولاد کی بہترین پرورش کرے انھیں نبی کریم صلی اللہ علیہ وسلم کی سیرت اور سنت سے روشناس کروائے۔ بچوں کو کہانیاں سننے کا بہت شوق ہوتا ہے۔ اس لیے انہیں سچی کہانیاں اور نبی کریم صلی اللہ علیہ وسلم کی سیرت کے واقعات سنائیں تو ہم دیکھیں گے کہ خود بخود اللہ کے نبی صلی اللہ علیہ وسلم کی محبت ان کے دل میں پیدا ہو گی۔

جب ایک بچہ بولنا سیکھتا ہے بات کو سمجھنا سیکھتا ہے تو اسے چھوٹی چھوٹی باتیں سکھانا شروع کر دیں بھلا کیوں نہیں ہو گا کہ جب وہ سمجھ کی عمر کو پہنچے تو اس کا دماغ درست سوچ اور درست راستے پر لگ چکا ہو۔

اور پھر کیا بعید ہے کہ اللہ تعالیٰ انہیں میں سے ہمیں پھر سے سیدنا عمر رضی اللہ عنہ جیسا عظیم حکمران عطا فرمائے جو اسلام کو پوری دنیا میں زندہ کرے اور اسلام کا پرچم پوری دنیا میں لہرائے۔ آمین۔ مگر شاید ہم مائیں ہی مجرم ہیں جو اپنی اولاد کے ذہن کی صحیح پرورش ہی نہیں کر پاتیں اور نتیجہ ہمارے سامنے ہے۔

***

محمد رسول اللہ صلی اللہ علیہ وسلم کا فکری انقلاب
پروفیسر یوسف صدیقی

انقلاب کا لفظ آج کل اتنا عام ہو گیا ہے کہ ذرا ذرا سی سطحی تبدیلیوں کے لئے بھی اسے استعمال کیا جاتا ہے، ایسی زندگیاں جو نہ زندگی کا رخ بدلتی ہیں، نہ سوچ کے انداز میں کوئی تغیر لاتی ہیں، نہ تہذیب و تمدن کے سلسلے میں کسی صحت مندانہ تبدیلی کا اہتمام کرتی ہیں اور جن کے ذریعے سے اگر کوئی شئے جبراً کسی تبدیلی کا شکار ہوتی ہے تو استحکام اور پائیداری کے حوالے سے کوئی قابل ذکر تاریخی اثاثہ نہیں چھوڑتی۔ جبکہ حقیقتاً اگر ہمہ جہتی تبدیلی کا کوئی پائیدار، مستحکم اور لاثانی انقلاب کہیں روئے زمین پر کبھی برپا ہوا ہے تو یہ بات بلا خوف تردید کہی جا سکتی ہے کہ وہ واحد انقلاب وہی ہے جس کے رہنما محمد رسول اللہ ﷺ ہیں۔ اس لئے کہ ان کے لائے ہوئے اس انقلاب نے زندگی کے کسی ایک پہلو میں ہی تبدیلی نہیں کی بلکہ اس کے فکر و عمل کے سارے انداز و اطوار بدل دیے، بنیادی سوچ بدل دی، عقیدہ تبدیل کر دیا، رسومات، بندگی سے لے کر معاملات زندگی تک، فرد سے لے کر جماعت تک، خاندان سے لے کر قبیلے تک، معاشرے سے لے کر ریاست تک اور معیشت سے لے کر سیاست تک ہر چیز کو ایسا بدلا کہ اس کی بنیادیں ہی تبدیل کر دیں۔ یہ تبدیلی نہ وقتی تھی اور نہ جزوی بلکہ اتنی ہمہ گیر تھی کہ آج ہمیں تاریخ سے پوچھنا پڑتا ہے کہ اسلام کے لائے ہوئے اس انقلاب سے پہلے انسان اور اس کا اجتماعی

نظام کہاں کھڑا تھا۔اور آج اسلام انہی قدروں کو کہاں لے آیا ہے۔اسلام کے اس انقلاب کا استحکام بھی ایسا ہی حیران کن ہے کہ اس کی پائیداری زندگی پر ایسی حاوی ہوئی کہ بے عملی کی ہزار طوفانی ہوائیں اور وقت کے بے شمار حوادثات بھی اس انقلابی کام کو اپنی منزل سے ہٹا نہیں سکے۔

اسلام کے اس فکری انقلاب کا آغاز اللہ کے رسول ﷺ نے جس مقام سے کیا وہ انسانوں کا وہ مشترکہ سرمایہ ہے جو حضور ﷺ کی آمد سے پہلے بھی لوگوں کے پاس موجود تھا، چاہے اس کا تصور حقیقت سے کتنا ہی دور ہو گیا تھا مگر بہر حال انسانی معاشرے کے پاس اس عقیدے کی صورت میں خالق کائنات کا ایک تصور موجود تھا اور وہ یہ تھا کہ ہمارا ایک بنانے والا ہے مگر اب ہماری زندگی میں اس کا کوئی دخل نہیں ہے۔اس کو راضی کرنے کے لئے دو چار پرستش کی رسمیں ہر ایک کے پاس موجود تھیں مگر اس کے ایک ہونے ، با اختیار ہونے اور اس کے سامنے جوابدہ ہونے کا تصور مشرک معاشروں میں مفقود ہو گیا تھا اور کتابی معاشروں میں دھندلا گیا تھا اور انسانوں نے اپنی تقدیریں اپنے خود ساختہ معبودوں کے حوالے کر دی تھیں۔اور صورت حال یہ تھی کہ دنیا میں ذرے سے آفتاب تک اور پانی سے پہاڑ تک ہر چیز خدا بن گئی تھی۔

کہیں معبود تھے پتھر کہیں مسجود شجر

ایسے ماحول میں محمد ﷺ نے اللہ کے ایک ہونے ،اسی کی عبادت کرنے ،اسی سے لو لگانے اور اسی سے اپنی ضرورتوں میں رجوع کرنے کی دعوت کا اعلان فرمایا۔اسی اللہ کی طرف بلایا جو خالق بھی ہے اور مالک بھی، بادشاہ بھی ہے اور رہنمائی دینے والا بھی۔اسلامی انقلاب کی یہ وہ سب سے پہلی اور بنیادی بات ہے، جس سے اس انقلاب کے دوسرے اجزا فراہم ہوتے ہیں اور اس کے دو حصے ہیں ایک یہ تصور کے الٰہ ہے اور دوسرا

یہ عقیدہ کہ خدا کی ان صفات کا حامل کوئی اور دوسرا نہیں۔ یہاں یہ بات پھر دہرانے کی ہے کہ دنیا خدا کو مانتی تھی مگر اس صورت میں کہ اللہ ہے۔ مگر حضور ﷺ نے جو پیغامات دعوت دیا اس کا امتیازی وصف یہ ہے کہ اللہ ہی ہے یعنی اللہ کے سوا نہ کوئی معبود ہے نہ کوئی مسجود ہے، نہ رب ہے، نہ الٰہ، نہ مالک ہے، نہ بادشاہ اور وہ کسی ایک کا نہیں سب کا ہے۔ قرآن نے اس کی وضاحت اپنی دعوت کے آغاز ہی میں کر دی۔

وَرَبَّکَ فَکَبِّرْ (سورۃ المدثر)

"آپ اپنے رب کی بڑائی بیان کیجئے۔"

اور وہ رب کیسا ہے۔؟

قُلْ ھُوَاللّٰہُ اَحَدٌ (اخلاص)

"آپ فرما دیجئے کہ وہ اللہ یکتا ہے۔"

نہ کوئی اس کا شریک ہے نہ اس جیسا۔ یہی عقیدہ توحید وہ سارا سرمایہ انقلاب ہے جس نے اسلام کے انقلابی پیغام کو زندگی کے سارے گوشوں پر پھیلایا اور اسی کو قبول کرنے کا نتیجہ تھا کہ انسانی معاشرے میں وہ انقلاب عظیم برپا ہوا جس نے زندگی کے پورے نظام کو بنیادی طور پر تبدیل کر دیا۔

عقیدہ توحید کی طرف حضور ﷺ کی دعوت کئی پہلوؤں سے غور و فکر کے کئی دروازے وا کرتی ہے جن میں سب سے پہلی بات یہ ہے کہ عقیدہ توحید سے دعوت انقلاب کا آغاز اس بات کی دلیل ہے کہ یہ تبدیلی جہاں سے شروع ہو رہی ہے یا انسانوں کا جو معاشرہ داعی توحید کے سامنے ہے، اس سے نہ کسی مصالحت کی امید ہے نہ کچھ لو اور دو کی بنیاد پر کوئی وقتی تبدیلی لانا مطلوب ہے بلکہ یہ انقلاب پہلی ضرب انسانی عقیدے پر لگا رہا ہے اور عقیدہ آدمی کا سب سے نازک معاملہ ہوتا ہے جس پر کوئی شخص کچھ سننے کے

لئے تیار نہیں ہوتا۔ اس نازک معاملے سے دعوت کا آغاز کرنا اس بات کی دلیل ہے کہ انقلاب برپا کرنے والا حقیقتاً اپنے فلسفہ انقلاب کا خالق نہیں بلکہ وہ کسی اور کا مقرر کردہ با اختیار نمائندہ ہے جو اپنے مالک کی فراہم کردہ دعوت انقلاب کو اسی کی ہدایت و رہنمائی میں اور اسی کے مقرر کئے ہوئے طریقہ کار کے مطابق برپا کرنے کے لئے سعی کر رہا ہے لہٰذا یہیں سے اس فکری انقلاب کی دوسری بنیاد بھی سامنے آجاتی ہے اور وہ یہ ہے اسلام کا تصور رسالت کہ لوگو، میں کوئی نیا پیغام لایا ہوں نہ کوئی نئی بات کہنے آیا ہوں، نہ اپنے کام پر تم سے کسی معاوضے کا طلبگار ہوں، نہ ستائش کا امیدوار بلکہ میں تو تمہیں وہی بھولا ہوا سبق یاد دلانے کے لئے آیا ہوں جو زمین پر آنے والے انسان کو دیا گیا تھا اور تسلسل کے ساتھ یاد دلایا جاتا رہا یہاں تک کہ اب اسی کی تکمیلی اور اختتامی یاد دہانی کے لئے میں آ گیا ہوں۔ اور وہ سبق یہ ہے:

یٰٓاَیُّھَا النَّاسُ اعْبُدُوا رَبَّکُمُ الَّذِیْ خَلَقَکُمْ وَالَّذِیْنَ مِنْ قَبْلِکُمْ لَعَلَّکُمْ تَتَّقُوْنَ

(سورۃ البقرہ: آیت 21)

"لوگو، اپنے اس رب کی بندگی کرو جس نے تمہیں پیدا کیا اور تم سے پہلے لوگوں کو بھی پیدا کیا تاکہ تم پرہیزگار بن جاؤ۔"

اس فکری انقلابی دعوت میں ایک پہلو یہ بھی غور طلب ہے کہ یہ انسانوں کو اپنے اعمال کے لئے جوابدہ بھی قرار دیتی ہے اور یہ اس فکری انقلاب کی تیسری بنیاد ہے جسے ہم تصور آخرت سے تعبیر کرتے ہیں یعنی مرنے کے بعد زندہ ہونا ہے اور پھر اپنے سارے اعمال کے لئے اللہ کے سامنے جوابدہ ہونا ہے۔ اور جس طرح ہر مظاہر پرست، سطحی ذہن رکھنے والے آدمی کے لئے اپنے خود ساختہ معبودوں کی فوج ظفر موج کو چھوڑ کر ایک اکیلے خدا پر راضی ہو جانا بڑا مشکل کام تھا۔۔۔ اور اسی لئے مشرکین مکہ نے حضور

ﷺ کی مخالفت میں اپنا بھرپور زور لگا دیا اور عقیدۂ توحید کے ماننے والوں کے خلاف جبر و ظلم کا ہر ہتھکنڈا بے دریغ استعمال کیا۔ اسی طرح کسی مفاد پرست ظالم غاصب اور خائن فرد کے لئے تصور آخرت کو تسلیم کر کے اس کے مطابق اپنے اندر تبدیلی لانا بہت مشکل کام ہے کیونکہ یہ تصور آدمی کو ذمہ دار اور خود احتساب بناتا ہے کہ ان دیکھے خدا کے سامنے حاضری کو حق الیقین اور عین الیقین کی طرح مانے بغیر یہ بات ممکن نہیں کہ کوئی آدمی اپنی حد میں رہے اور جب کوئی نہ دیکھ رہا ہو تب بھی خیانت نہ کرے۔ جب کوئی گواہ نہ ہو تب بھی چوری سے اجتناب کرے، جب کوئی روکنے والا نہ ہو تب بھی دست درازی سے گریزاں ہو۔ یہ اسی عقیدے کا خاصہ ہے کہ جس نے اس فکری انقلاب کو ایک ایسا حیران کن منظر اظہار بخشا کہ اسے مان لینے کے بعد انسانی معاشرہ عظمت کردار کے اس مقام پر آگیا جہاں لوگوں نے خود اپنے آپ کو، اگر کبھی ان سے جرم سرزد ہو گیا، سزا کے لئے پیش کر دیا۔

رسول اللہ ﷺ کا لایا ہوا یہ انقلاب عظیم اپنی ان فکری بنیادوں پر باشعور انسانوں کا بلا جبر و اکراہ، رضا کارانہ طور پر قبول کیا ہوا وہ انقلاب ہے جس نے تیئس سال میں ان کی زندگی کے پورے نظام کو اس طرح بدل دیا کہ اس میں ان کے عہد جہالت یعنی ماضی کا کوئی شائبہ بھی باقی نہ رہا۔ ہزاروں بتوں کو عبادت گاہوں سے لے کر دلوں کی فضاؤں تک سے ایسا دیس نکالا کہ پھر بت خانے اپنی ویرانی کا نوحہ پڑھنے کو بھی باقی نہ رہے۔ اور انسانی معاشرے، اونچ نیچ، ادنیٰ و اعلیٰ، گورے اور کالے، شرقی و غربی کے سارے خود ساختہ اضافی امتیازات سے ایسے پاک ہوئے کہ:

ایک ہی صف میں کھڑے ہو گئے محمود و ایاز
نہ کوئی بندہ رہا اور نہ کوئی بندہ نواز

یہ انقلاب ایسا عجیب و غریب انقلاب ہے کہ جو صدیوں سے زندہ و تابندہ بھی ہے ، مستحکم بھی ہے اور رواں دواں بھی۔ اگر کہیں کوئی تعطل آتا ہے تو محض وقتی طور پر، کوئی خرابی نظر آتی ہے تو عارضی ہے ، کوئی رکاوٹ سدراہ ہوتی ہے تو ذرا قوت سعی کو مہمیز کرنے کے لئے اور اپنی صفوں کو دوبارہ منظّم کرنے کے لئے اور اس انقلاب کو ماننے والے ،اسے لے کر چلنے والے اس پہلی جماعت صحابہؓ سے لے کر آج تک کبھی اپنی راہ انقلاب سے ہٹے نہیں ہیں ،اگرچہ کبھی کبھی رک ضرور گئے ہیں ،کچھ تعطل کے وقفے بھی آئے ہیں مگر ان کی ایسی ہی صورت ہے کہ جیسے صورت خورشید جینے والوں کی۔

ادھر ڈوبے ادھر نکلے ادھر ڈوبے ادھر نکلے

یہ انقلاب ہمہ جہت بھی ہے اور ہمہ عہد بھی۔ لہٰذا زندگی کے ہر گوشے پر اس کی برکات سایہ فگن ہیں اور ہر عہد کے لوگوں کو اپنے قافلہ انقلاب میں شامل کرتے ہوئے یہ انقلاب اپنی منزل کی طرف رواں دواں ہے۔ماضی کی صدیاں اس کے نور سے جگمگا رہی ہیں۔ حال کی اضطرابی کیفیتیں اس کے آغوش سکون میں اپنے لئے جگہ پانے کی منتظر ہیں اور مستقبل کے پاس اس کے سوا کوئی چارہ کار نہیں کہ سارے وقتی اور جزوی انقلابات سے دست بردار ہو کر اس کے سایہ رحمت میں آجائے اور دنیا ایک بار پھر جبر و ظلم سے نجات پائے ،انسانوں کی گردنوں سے انسانوں کی غلامی کے طوق اتر جائیں ،اللہ کے بندے اللہ سے تعلق کی بنیاد پر اپنے دلوں کی دنیا پر سکون بنا کر عدل و انصاف کا علم اُٹھائے رضائے الٰہی کی خاطر اپنا پیغام انقلاب لے کر اُٹھیں اور سب کے لئے اللہ کی رحمتوں کے دروازے اللہ کے حکم سے وا کر دیں۔

٭٭٭

رسول اکرم صلی اللہ علیہ و آلہ وسلم کی نرمی ورواداری

حضرت رسول اکرم صلی اللہ علیہ و آلہ وسلم کی ذات گرامی اس خصوصیت کی حامل تھی کہ آپ لوگوں کے ساتھ نرمی اور رواداری سے پیش آیا کرتے تھے اور ساتھ ہی تشر یع احکام میں سہولت وآسانی کو بھی پیش نظر رکھتے تھے اور آپ کو ان دونوں صفات کو اپنانے کا حکم بھی دیا گیا تھا یہ دونوں خصوصیتیں آپ کے بہت سے خصائل و صفات، معاشرت کے بہت سے آداب اور دیگر اوامر ونواہی میں سب سے زیادہ ممتاز ہیں جیسا کہ خداوند عالم نے بھی اس کے متعلق ارشاد فرمایا ہے :وَاِنَّکَ لَعَلٰی خُلَق عظیم:میرے حبیب!واقعتاً تم خلق عظیم کے درجہ پر فائز ہو۔(قلم:۴)

آپؐ کی سادگی وآسانی کے بہت سے شواہد و دلائل ، قرآنی آیات اور اسلامی روایات میں ملتے ہیں:

قرآن مجید میں رواداری کے نمونے

متعدد آیات میں اس بات کا ذکر موجود ہے:

پہلی آیت:

فَبِمَا رحمۃ مِنَ اللّٰہِ لِنۡتَ لَھُمۡ وَلَوۡ کُنۡتَ فَطّاًغَلِیظَ الۡقَلۡبِ لَانۡفَضُّوا مِنۡ حَولِکَ فَاعۡفُ عَنۡھُمۡ وَاسۡتَغۡفِرۡ لَھُمۡ وَشَاوِرۡھُمۡ فِی الۡاَمۡرِ فَاِذَاعَزَمۡتَ فَتَوَکّلۡ عَلَی اللّٰہِ اِنَّ اللّٰہَ یُحِبُّ الۡمُتَوَکِّلِیۡنَ:

(تو اے رسول!یہ بھی)خدا کی ایک مہربانی ہے کہ تم (سا)نرم دل (سر

دار) ان کو ملا اور تم اگر بد مزاج اور سخت دل ہوتے تب تو یہ لوگ (خدا جانے کب کے) تمھارے گرد سے تتر بتر ہو گئے ہوتے پس (اب بھی) تم ان سے در گذر کرو اور ان کے لئے مغفرت کی دعا مانگو اور ان سے کام کاج میں مشورہ کر لیا کرو (مگر) اس پر بھی جب کسی کام کو ٹھان لو تو خدا ہی پر بھروسہ رکھو۔ جو لوگ خدا پر بھروسہ رکھتے ہیں خدا ان کو ضرور دوست رکھتا ہے۔ (آل عمران:۱۵۹)

اس آیت میں اعمال و اخلاق میں رواداری کے متعدد عناصر جمع ہیں ان میں سے ہر ایک پر نہایت توجہ اور غور و فکر کرنے کی ضرورتھے یہ سارے نکات قابل تحقیق ہیں:

۱۔ لوگوں کے ساتھ گزر بسر کرنے میں گفتار و کردار میں نرمی، دوسری آیات کی طرح اس آیت میں جو نکتہ قابل غور ہے وہ یہ ہے کہ اس میں نرمی کی خصوصیت جمع ہے، نرم خوئی کی تشویق و ترغیب کی گئی ہے اور اس کی ضد یعنی سختی و سنگدلی سے روکا گیا ہے، نرم خوئی کے مقابلہ میں جو دو (۲) چیزیں ہیں ان میں سے صرف ایک ہی چیز پر اکتفانہ کی اور دونوں مفہوم یعنی درشت خوئی اور سنگدلی (جو اندرونی غصے اور سختی کا باعث ہوتی ہے) کو بیان کیا ہے ایسا طریقہ یعنی کسی چیز کا حکم دینا اور اس کی ضد سے روکنا ایک ایسا قرآنی طریقہ ہے جس کے بارے میں اسی مقالہ میں اسلامی احکام کے خصوصیات کی بحث میں بیان آنے والا ہے۔

۲۔ عمل کے نتیجہ کو اس کے بر عکس نتائج کے ساتھ بیان کیا ہے یعنی لوگوں کا پیغمبر صلی اللہ علیہ و آلہ وسلم کے اطراف سے پراکندہ و منتشر ہونے کو بیان کیا ہے اس کا بر عکس یہ ہے کہ لوگوں کا پیغمبر صلی اللہ علیہ و آلہ وسلم کے پاس جمع ہونا اور آپ صلی اللہ علیہ و آلہ وسلم کی باتوں کا سننا اسی وقت ممکن ہو گا جب آپ کے مزاج میں نرمی ہو۔

۳۔ اگر لوگوں سے کوئی غلطی ہو جائے وہ لوگ لغزش کر جائیں تو انہیں معاف کر

دینے کا حکم دیا گیا ہے اسی لئے مغفرت و بخشش کو حسن معاشرت کے اسباب و عوامل میں شمار کیا گیا ہے اور اسے رواداری کا سبب بتایا گیا ہے۔

۴۔ آیت میں جو مغفرت و بخشش کی تعبیر آئی ہے اس سے یہ اندازہ ہوتا ہے کہ عوام قصوروار ہیں ان سے کوتاہی اور غلطی ہوتی ہے۔ ان باتوں سے یہی پتہ چلتا ہے کہ خطاکار کے ساتھ اچھابرتاؤ کرنا چاہئے۔

۵۔ جن لوگوں نے خطا کی ہے ان سے مشورہ کرنے میں اعلیٰ درجے کی خوش رفتاری کا اعلان ہے، برائی کا جواب نیکی سے دیا جارہا ہے کیونکہ رائے اور مشورہ، صلح و صفائی کی علامتھے اور اس بات کی نشانی ہے کہ اندرونی و بیرونی طور پر کوئی عداوت و دشمنی نہیں ہے جیسا کہ دو(۲)دوستوں کے درمیان یہ خصوصیت پائی جاتی ہے، مشورہ، طرفین کے درمیان برادری و دوستی اور اعتماد کی حکایت کرتا ہے نیز اس بات پر دلالت کرتا ہے کہ سارے کینے دشمنیاں اور خصومتیں اب ختم ہو چکی ہیں۔

۶۔ آیت کے آخری حصہ میں نرم خوئی، بخشش و مغفرت اور رائے و مشورے کے تمام مراحل میں خدا پر توکل کا حکم دیا گیا ہے، اس کے معنی یہ ہیں کہ اے رسول صلی اللہ علیہ و آلہ وسلم! اگر آپ نے خدا پر توکل کیا تو نہ صرف یہ کہ آپ کا ذرا سا بھی نقصان نہ ہو گا بلکہ توکل کرنے والوں کو خدا دوست رکھتا ہے۔ بنا بر ایں آیت کا سیاق ان تمام اہم عناصر و خصوصیات کے ساتھ عوام کے ساتھ نہایت نرمی اور رواداری سے پیش آنے پر دلالت کرتا ہے۔

دوسری آیت: خُذِ الْعَفْو و اْمُرْ بِالْعُرْفِ وَ اَعرِضْ عَنِ الْجَاهِلِيْنَ (اے رسول!) تم درگزر کرنا اختیار کرو اور اچھے کام کا حکم دو اور جاہلوں کی طرف سے منھ پھیر لو۔ (اعراف:۱۹۹)

خداوند عالم نے اس آیت میں بھی تین (۳) عملی خصوصیات کو بیان فرمایا ہے ان میں سے ہر ایک خصوصیت، حسن خلق اور رواداری کی مستلزم ہے:

۱۔ اخلاق اور لوگوں کی ضروریات سے زائد اموال کے سلسلہ میں عفو و بخشش اور گذشت کا حکم دیا گیا ہے، یہ نکتہ ایک دوسری آیت میں بھی بیان کیا گیا ہے:

وَ یَسالُونَکَ مَاذَا یُنفِقُونَ قُلِ العَفوَ

اے پیغمبر صلی اللہ علیہ و آلہ وسلم ! لوگ تم سے یہ پوچھتے ہیں کہ کیا انفاق کریں ؟ تم کہہ دو کہ اپنی سالانہ ضروریات سے زائد چیزوں کا انفاق کریں۔ (بقرہ:۲۱۹)اس آیت کی تفسیر میں سالانہ اخراجات کے علاوہ نیز اسراف و امساک کے درمیان جو مصرف و استعمال کا معیار ہے اس کو پیش نظر رکھتے ہوئے بیان کیا گیا ہے بہر حال اس میں جو لفظ "العفو" آیا ہے وہ لین دین میں آسانی وسہولت پر دلالت کرتا ہے۔

۲۔ عرف میں جو امور نیک ہیں ان کا حکم دیا گیا ہے یعنی عوام کی جو عادتیں پسندیدہ ہیں اور وہ عقلی و شرعی طور پر نیک شمار ہوتی ہیں اور جو چیزیں عوام کے درمیان متعارف ہیں۔

۳۔ نادان افراد سے روگردانی یعنی اگرچہ جہالت ونادانی اور بے وقوفی یہ سب ایسے گناہ ہیں جن پر سزا ملے گی لیکن اس کے باوجود بھی آپ انہیں معذور سمجھیں انہیں معاف کر دیں ان کی سفاہت وجہالت کا جواب حلم وبردباری کے ساتھ دیں۔

تیسری آیت:

وَلَا تَسْتَوِي الْحَسَنَةُ وَلَا السَّيِّئَةُ ۚ ادْفَعْ بِالَّتِي هِيَ أَحْسَنُ فَإِذَا الَّذِي بَيْنَكَ وَبَيْنَهُ عَدَاوَةٌ كَأَنَّهُ وَلِيٌّ حَمِيمٌ (٣٤) وَمَا يُلَقَّاهَا إِلَّا الَّذِينَ صَبَرُوا وَمَا يُلَقَّاهَا إِلَّا ذُو حَظٍّ عَظِيمٍ (٣٥)

:اچھائی اور برائی یہ دونوں برابر نہیں ہو سکتی ہیں بہترین طریقہ سے دوسرو ں کو دفع کرو تاکہ تمھارے اور جس شخص کے درمیان دشمنی ہے وہ ایک مہربان

دوست بن جائے، اور اس چیز کو جو لوگ صبر کرتے ہیں اور وہ عظیم بہرہ رکھتے ہیں ان کے علاوہ کوئی بھی قبول نہیں کر سکتا۔ (فصلت: ۳۴،۳۵)

ان دونوں آیتوں میں بھی برائی اور برے لوگوں کے ساتھ مدارااور رواداری اور جو کچھ ان دونوں کالازمہ ہے وہ ساری باتیں جمع ہیں:

ا۔ایک بات جس کو عقلاء عالم نے تسلیم کیا ہے اسی کو یاد دلاتے ہوئے کلام کا آغاز ہوا ہے اور وہ یہ ہے: نیکی کے ساتھ برائی یہ دونوں چیزیں برائی اور اچھائی میں برابر نہیں ہیں نیز لین دین اور سزا و اجر میں بھی برابر نہیں ہیں کیونکہ یہ بات تسلیم شدہ ہے کہ برائی کا بدلہ برائی ہے اور نیکی کا بدلہ نیکی ہے اس کا برعکس نہیں ہے۔

۲۔اس مسلم اصل کو تسلیم کرتے ہوئے اس نکتہ پر تاکید کی گئی ہے کہ حضرت پیغمبر اکرم صلی اللہ علیہ و آلہ وسلم (اور کلام الٰہی کے ہر مخاطب) کو یہ حکم دیا گیا ہے کہ الٹے بدلے دیں برائی کا بدلہ مزید نیکی سے دیں (نہ صرف نیکی سے بلکہ بہتر نیکی سے دیں) عظیم نیکی اور سب سے بلند نیکی سے اس کا جواب دیں یہ بات برے افراد کے سلسلہ میں نرمی اور رواداری کو عروج پر لے جاتی ہے۔ اور اس بڑھ کر نیکی اور حسن خلق کیا ہو سکتا ہے۔

۳۔پھر آخر میں اس کام کے نتیجہ کی طرف اشارہ کیا ہے اور یہ یاد دہانی کرائی ہے کہ ایسا ہو سکتا ہے کہ جب دشمن کا سامنا ہو تو وہ یکایک مہربان دوست میں بدل سکتا ہے لیکن آیت کا سیاق اس نتیجہ کو بیان کرنے میں بھی نہایت بلاغت پر مشتمل ہے کیونکہ حرف "اِذَا" (یعنی یکایک) فجائیہ سے آغاز ہوتا ہے کیونکہ اس نکتہ کا اعلان کیا جارہا ہے کہ یکایک ایسی بات واقع ہو سکتی ہے کہ کسی کو بھی اس کی توقع نہ رہی ہو اور اس حالت میں بھی آیت میں یہ ارشاد نہیں ہے کہ تمھارا دشمن تمہارا دوست بن جائے گا بلکہ یوں ارشاد ہوتا ہے

:وہ شخص تمھارے اور جس کے درمیان تھوڑی سی دشمنی ہے وہ ایک مہربان دوست بن جائے گا۔

بنابرایں ان کے اور ان کے دشمن کے درمیان جو دشمنی تھی اسے دوستی اور وہ بھی ایسی دوستی میں بدل دیا جو دو مہربان دوستوں کی دوستی ہے اور یہ دوستی و محبت اور مہربانی کا بہت عظیم درجہ ہے۔ خدا نے پہلی آیت اور دوسری آیت میں بھی یہ بتا دیا کہ یہ بدلہ صرف ان لوگوں کو دیا جائے گا جو صبر و تحمل سے کام لیتے ہیں، برائی پر اور برے لوگوں سے غصہ نہیں ہوتے بلکہ ان کی برائیوں کو برداشت کرتے ہیں، بردباری سے کام لیتے ہیں اور اپنے اوپر کنٹرول کرتے ہیں۔

دوسری آیت اسی پر اکتفا نہیں کرتی چنانچہ وہ اپنے نفس پر قابو پانے کی خصوصیت کے علاوہ مزید یہ بتاتی ہے کہ صرف وہی لوگ اس نفسیاتی جنگ کو برداشت کرنے کا حوصلہ رکھتے ہیں جو بردباری کے عظیم درجہ پر فائز ہوں اور وہ لوگ اندرونی لحاظ سے بھی عظیم قدرت و توانائی رکھتے ہوں اور اپنے جذبات پر مکمل طور سے غالب ہوں بہر حال ان دونوں آیتوں کی طرح کچھ دوسری آیات بھی ہیں جن میں ارشاد ہوتا ہے:

۱۔ وَالَّذِينَ صَبَرُوا ابْتِغَاءَ وَجْهِ رَبِّهِمْ وَأَقَامُوا الصَّلَاةَ وَأَنفَقُوا مِمَّا رَزَقْنَاهُمْ سِرًّا وَعَلَانِيَةً وَيَدْرَءُونَ بِالْحَسَنَةِ السَّيِّئَةَ أُولَٰئِكَ لَهُمْ عُقْبَى الدَّارِ (٢٢)

:(یہ)وہ لوگ ہیں جو اپنے پروردگار کی خوشنودی حاصل کرنے کی غرض سے (جو مصیبت ان پر پڑی)اسے جھیل گئے اور پابندی سے نماز ادا کی اور جو کچھ ہم نے انہیں روزی دی تھی اس میں سے چھپا کر اور دکھلا کر(خدا کی راہ میں)خرچ کیا اور یہ لوگ برائی کو بھی بھلائی سے دفع کرتے ہیں یہی لوگ ہیں جن کے لئے آخرت کی خوبی مخصوص ہے۔(رعد:۲۲)

یہ ان مومنین کے صفات ہیں جو ایمان کے کامل درجہ پر فائز ہیں کیونکہ برائیوں کا جواب نیکی سے دینا یہ پرہیز گار افراد کے عظیم فضائل میں سے ہے۔

اسی آیت میں اس حقیقت کا صبر و شکیبائی اور طلب رضائے الٰہی، نماز کی بر قراری اور خدا کی عطا کی ہوئی روزی کا کھلم کھلا اور پوشیدہ طور پر بخشا ان سارے امور کے ساتھ مقابلہ کیا گیا ہے، اس آیت میں بھی اور اسی سورہ کی چوبیسویں آیت میں بھی اس بات کی تکرار ہے کہ ایسے ہی افراد کا انجام نیک ہو گا۔

۲۔ أُولَٰئِكَ يُؤْتَوْنَ أَجْرَهُم مَّرَّتَيْنِ بِمَا صَبَرُوا وَيَدْرَءُونَ بِالْحَسَنَةِ السَّيِّئَةَ وَمِمَّا رَزَقْنَاهُمْ يُنفِقُونَ (٥٤)

:یہ وہ لوگ ہیں جنہیں (ان کے اعمال خیر کی)دوہری جزا دی جائے گی چونکہ ان لوگوں نے صبر کیا اور بدی کو نیکی سے دفع کرتے ہیں اور جو کچھ ہم نے انہیں عطا کیا ہے اس میں سے (ہماری راہ میں) خرچ کرتے ہیں۔(قصص:۵۴)

یہ آیت اور اس سے پہلی والی آیت اہل کتاب کے بارے میں نازل ہوئی ہے ان کے کچھ اوصاف بیان کئے گئے ہیں یہاں تک کہ ارشاد ہوتا ہے:"انھوں نے جو صبر کیا اور تحمل سے کام لیا ہے انہیں دوہرا اجر دیا جائے گا وہ لوگ برائی کو نیکی کے ذریعہ دور کرتے ہیں۔"

انہیں دوہرا اجر دینے کی علت دو(۲) چیزیں ہیں اور دونوں کا تعلق نرمی اور رواداری سے ہے:

صبر و تحمل اور برائیوں کا جواب نیکی سے دینا

۳۔ادْفَعْ بِالَّتِي هِيَ أَحْسَنُ السَّيِّئَةَ ۚ نَحْنُ أَعْلَمُ بِمَا يَصِفُونَ (٩٦)

:بری بات کے جواب میں ایسی بات کہو جو نہایت اچھی ہو جو کچھ یہ لوگ (تمھاری نسبت) بیان کرتے ہیں اس سے ہم خوب واقف ہیں۔ (مومنون:۹۶)

سب سے زیادہ تعجب تو اس بات پر ہے کہ یہ آیت مشرکین کے ان اعمال و اوصاف کے بعد آئی ہے جن کی وجہ سے وہ لوگ عقاب و سزا کے مستحق ہوئے ہیں اس کے باوجود بھی خداوند عالم نے اپنے پیغمبر صلی اللہ علیہ و آلہ وسلم کو حکم دیا ہے کہ ان کی برائیوں کا جواب بہت اچھے طریقہ سے دو پھر آخر میں یہ اطمینان بھی دلا رہا ہے کہ مشرکین جو خدا کے لئے فرزند و شریک کے قائل ہیں خدا اس سے اچھی طرح باخبر ہے۔

۴،۵۔وَالَّذِينَ إِذَا أَصَابَهُمُ الْبَغْيُ هُمْ يَنتَصِرُونَ (٣٩) وَجَزَاءُ سَيِّئَةٍ سَيِّئَةٌ مِّثْلُهَا ۖ فَمَنْ عَفَا وَأَصْلَحَ فَأَجْرُهُ عَلَى اللَّهِ ۚ إِنَّهُ لَا يُحِبُّ الظَّالِمِينَ (٤٠) وَلَمَنِ انتَصَرَ بَعْدَ ظُلْمِهِ فَأُولَٰئِكَ مَا عَلَيْهِم مِّن سَبِيلٍ (٤١) إِنَّمَا السَّبِيلُ عَلَى الَّذِينَ يَظْلِمُونَ النَّاسَ وَيَبْغُونَ فِي الْأَرْضِ بِغَيْرِ الْحَقِّ ۚ أُولَٰئِكَ لَهُمْ عَذَابٌ أَلِيمٌ (٤٢) وَلَمَن صَبَرَ وَغَفَرَ إِنَّ ذَٰلِكَ لَمِنْ عَزْمِ الْأُمُورِ (٤٣)

:اور (وہ ایسے ہیں کہ) جب ان پر (کسی قسم کی) زیادتی ہوتی ہے تو وہ بس واجبی بدلہ لے لیتے ہیں اور برائی کا بدلہ تو ویسی ہی برائی ہے اس پر بھی جو شخص معاف کر دے اور (معاملہ کی) اصلاح کر دے تو اس کا ثواب خدا کے ذمہ ہے بیشک وہ ظلم کرنے والوں کو پسند نہیں کرتا اور جس پر ظلم ہوا ہو اگر وہ اس کے بعد انتقام لے تو ایسے لوگوں پر کوئی الزام نہیں، الزام تو بس انہیں لوگوں پر ہوگا جو لوگوں پر ظلم کرتے ہیں اور روئے زمین میں ناحق زیادتیاں کرتے پھرتے ہیں ان ہی لوگوں کے لئے دردناک عذاب ہے اور جو صبر کرے اور قصور معاف کر دے تو بیشک یہ بڑے حوصلے کا کام ہے۔ (شوریٰ:۳۹۔۴۳)

ان آیات شریفہ کے متن کو بیان کرکے اور ان کے متعلق گفتگو و تحقیق کو ذکر کر

کے ہم اپنی گفتگو کو طولانی نہیں کرنا چاہتے لٰہذا آپ خود عفو، توبہ، غفران، رحمت، صبر و شکیبائی اور احسان و نیکی سے متعلق تمام آیات کا مطالعہ فرما سکتے ہیں آپ کو یہ اندازہ ہو جائے گا کہ ان آیات میں کس قدر نرمی اور رواداری پر تاکید پائی جاتی ہے۔ ہمارا صرف یہ عرض کر دینا کافی ہے کہ سرور کائنات صلی اللہ علیہ و آلہ وسلم کو پوری دنیا کے لئے رحمت بنا کر بھیجا گیا ہے: وَمَا اَرسَلنَاکَ اِلَّا رَحمَۃً لِّلعَالَمِینَ: ہم نے تمھیں پوری کائنات کے لئے مجسم رحمت بنا کر بھیجا ہے۔ (انبیاء:۱۰۷)

اگر آپ حضرت رسول اکرم صلی اللہ علیہ و آلہ وسلم کی رحمت و مہربانی کا اندازہ لگانا چاہتے ہیں تو اس آیت پر غور کریں:

لَقَدْ جَاءَكُمْ رَسُولٌ مِّنْ أَنفُسِكُمْ عَزِيزٌ عَلَيْهِ مَا عَنِتُّمْ حَرِيصٌ عَلَيْكُم بِالْمُؤْمِنِينَ رَءُوفٌ رَّحِيمٌ (۱۲۸)

:(اے لوگو) تم ہی میں سے (ہمارا) ایک رسول تمھارے پاس آ چکا ہے (جس کی شفقت کی یہ حالت ہے کہ) اس پر شاق ہے کہ تم تکلیف اٹھاؤ اور اسے تمھاری بہبودی کا ہوکا ہے وہ ایمانداروں پر حد درجہ شفیق و مہربان ہے۔ (توبہ:۱۲۸)

روایات میں نرمی و رواداری کا تذکرہ بڑی کثرت سے ملتا ہے ہم یہاں پر حضرت رسول اکرم صلی اللہ علیہ و آلہ وسلم کی سیرت سے صرف دو (۲) واقعات کو بیان کریں گے کہ آپ نے اپنے سب سے بڑے دشمنوں کے ساتھ کیسا برتاؤ کیا۔

ایک واقعہ مکہ میں مشرکین سے متعلق ہے اور دوسرا واقعہ مدینہ میں منافقین سے متعلق ہے یہ دونوں واقعات ہجرت کے بعد پیش آئے۔

مشرکین مکہ کی اکثریت قریش کی تھی اور ان میں سے اکثر افراد حضرت رسول اکرم صلی اللہ علیہ و آلہ وسلم کے رشتے دار تھے اگر پیغمبر صلی اللہ علیہ و آلہ وسلم کی زندگی کا مطالعہ کیا جائے اور مکی سوروں اور آیات پر غور کیا جائے تو اندازہ ہو جائے گا کہ وہ لوگ

آپ صلی اللہ علیہ و آلہ وسلم کو کس قدر آزار و اذیت دیتے تھے، آپ کو جھٹلاتے تھے، مذاق اڑاتے تھے نیز آپ کی ملامت اور آپ کو طرح طرح سے اذیت دیا کرتے تھے ان کی اذیت و آزار اس قدر بڑھ گیا تھا کہ آپ کو مجبور ہو کر مکہ سے مدینہ کی جانب ہجرت کرنی پڑی چنانچہ آپ سے پہلے بھی کچھ اہل ایمان پریشان ہو کر حبشہ ہجرت کر چکے تھے لیکن اس کے باوجود بھی پیغمبر صلی اللہ علیہ و آلہ وسلم نے فتح مکہ کے بعد ہجرت کے آٹھویں سال میں مشرکین سے خطاب کرتے ہوئے فرمایا: "ہجرت سے پہلے تم لوگوں نے مکہ میں میرے ساتھ جو برا سلوک کیا ہے اور مدینہ ہجرت کرنے کے بعد بھی جو کچھ کیا ہے اور مجھ سے جو جنگیں کی ہیں یہ بتاؤ کہ تمھیں کیا توقع ہے کہ میں تمھارے ساتھ کیا برتاؤ کروں گا؟" مشرکین نے کہا: ہمیں تو آپ سے یہی امید ہے کہ آپ ہمارے ساتھ ایک بزرگوار بھائی اور سرفراز بھتیجے کی طرح پیش آئیں گے آنحضرت صلی اللہ علیہ و آلہ وسلم نے فرمایا: جاؤ تم سب لوگ آزاد کیا۔

مدینہ کے منافقین نے آپ کے مدینہ ہجرت کرتے ہی منافقت شروع کر دی منافقین کا سردار "عبد اللہ بن اُبی" تھا اس کے بہت سے ساتھی بھی اس کے ہمنوا تھے یہ لوگ رات دن اور خصوصاً جنگ کے دوران ہمیشہ سازش کرتے رہتے تھے چنانچہ انھوں نے غزوۂ احد سے غزوۂ تبوک تک صرف یہی کیا۔ حضرت رسول اکرم صلی اللہ علیہ و آلہ وسلم اور دوسرے مومنین ان لوگوں سے بالکل تنگ آچکے تھے چنانچہ پیغمبر صلی اللہ علیہ و آلہ وسلم کی سیرت اور تاریخ کی کتابیں نیز بہت سی مدنی آیتیں سورۂ بقرہ کی ابتدائی آیات اور پورا سورۂ منافقون اس نفاق اور سازش کو آشکار کر رہا ہے لیکن اس کے باوجود بھی حضرت رسول اکرم صلی اللہ علیہ و آلہ وسلم نے عبد اللہ بن ابی جیسے منافق اور اس کے ہمنواؤں کو آخری لمحات تک برداشت کیا یہاں تک کہ جب وہ مر گیا تو آپ نے اس

کے جنازہ میں شرکت کی اور نماز جنازہ بھی پڑھائی جب کہ آپ کے اصحاب برابر عبد اللہ بن ابی کو قتل کرنے کا مشورہ دیا کرتے تھے اور اس کی نماز جنازہ پڑھانے سے بھی منع کر تے تھے مگر آپ نے کسی صحابی کی بات نہ مانی بلکہ آپ کے اصحاب یہ چاہتے تھے کہ تمام منافقین کو قتل کر دیا جائے لیکن آنحضرت صلی اللہ علیہ و آلہ وسلم ہمیشہ ان منافقین کے ساتھ نیک برتاؤ کرتے رہے اور ان کے ساتھ مدارا کرتے رہے کیونکہ آپ کے بلند اخلاق وصفات کا یہی تقاضا تھا اور اس میں ذرا بھی شک نہیں کہ مصلحت بھی اسی میں تھی کہ آپ ان کے ساتھ ایسا ہی نیک برتاؤ کریں کیونکہ جب نیک برتاؤ اور ایسے اعلیٰ درجہ کے اخلاق کے ذریعہ مشکل کو حل کیا جاسکتا ہے تو مناسب نہیں کہ کوئی اور طریقہ اختیار کیا جائے۔ یہ حضرت رسول اکرم صلی اللہ علیہ و آلہ وسلم کے نرمی اور رواداری کا ایک نمونہ تھا جو بیان کیا گیا چنانچہ ایسے بہت سے نمونے پیش کئے جاسکتے ہیں۔

تشریعی احکام

رواداری و نرمی کا دوسرا پہلو احکام کی تشریع کے سلسلہ میں ہے چاہے وہ احکام، قرآنی آیات سے اخذ کئے گئے ہوں یا سنت شریف نبوی سے استخراج کئے گئے ہوں یا فقہی قواعد ہوں یا فقہ کے کلی احکام ہوں: تمام قرآنی آیات سے عسرویسر (دشواری وآسانی) کے متعلق صرف ایک آیت اور حرج کے بارے میں دو(۲) آیتوں کو بیان کر رہے ہیں:

ا۔يُرِيدُ اللّٰهُ بِكُمُ الْيُسْرَ وَلَا يُرِيدُ بِكُمُ الْعُسْرَ

:خدا تمھارے لئے آسانی چاہتا ہے اور وہ تمھارے لئے دشواری نہیں چاہتا۔ (بقرہ:۱۸۵) آیت کا یہ حصہ روزہ سے متعلق آیت کے ضمن میں آیا ہے

جس میں خدا نے مسلمانوں کے دو(۲) گروہ بیماروں اور مسافروں کو روزہ رکھنے سے مستثنٰی کرتے ہوئے فرمایا ہے:وَمَن كَانَ مَرِيضاً اَوعَلٰى سَفرٍ فَعِدَّةٌ مِّن اَيَّامٍ اُخَر يُرِيدُ الله بكُمُ اليُسرَ وَ لَايُرِيدُ بِكُمُ الْعُسرَ(بقرہ:۱۸۵)پس جو بیمار ہو یا سفر میں ہو تو وہ دو سرے دنوں میں روزہ رکھ ہے بعد میں دوسرے دنوں میں اس پر روزہ رکھنا واجب ہے، خدا تمھارے لئے "۔لوگوں کی دشواری کو دور کرنے اور ان کی شرعی ذمہ داری کو آسان کرنے کے لئے انہیں یہ حکم دیا گیا ہے کہ ماہ رمضان المبارک کے بعد روزہ کی قضا کریں۔

۲۔مَا يُرِيدُ اللهُ لِيجعَلَ عَلَيكُم مِّن حَرَجٍ

:(دیکھو تو خدا نے کیسی آسانی کردی)خدا تو یہ چاہتا ہی نہیں کہ تم پر کسی طرح کی تنگی کرے۔(مائدہ:۶)

۳۔وَجَاهِدُوا فِي اللَّهِ حَقَّ جِهَادِهِ ۚ هُوَ اجْتَبَاكُمْ وَمَا جَعَلَ عَلَيْكُمْ فِي الدِّينِ مِنْ حَرَجٍ

:اور جو حق جہاد کرنے کا ہے خدا کی راہ میں جہاد کرو اسی نے تم کو برگزیدہ کیا اور امور دین میں تم پر کسی طرح کی سختی نہیں کی۔(حج:۷۸)خدا نے جہاد کا حکم دینے کے بعد یہ تاکید بھی کردی کہ جو جہاد کا حق ہے اس طرح سے جہاد کریں۔

اس آیت سے بھی خدا نے یہ بات واضح کردی کہ اس نے اس امت کو دوسری تمام امتوں کے درمیان سے منتخب کیا ہے اور ان کے دین میں کسی طرح کی کوئی دشوار بات نہیں قرار دی ہے۔ ان تین(۳) آیات سے ایک فقہی قاعدے کا استنباط کیا گیا ہے جو تمام فقہی احکام میں جاری وساری ہے وہ مذکورہ قاعدہ "قاعدۂ عسر و حرج" ہے جسے فقہاء نے اصول فقہ میں اور فقہی قواعد میں بھی بیان کیا ہے پھر انھوں نے موضوع، حکم و شرائط اور اس کے تمام پہلوؤں کے بارے میں مفصل طور پر بحث کی ہے۔

سب سے زیادہ قابل غور بات یہ ہے کہ تینوں آیات میں جو عسر و حرج کی نفی کی گئی ہے وہ احکام طہارت و روزہ اور جہاد کے لئے استثنا کے عنوان سے ہے لیکن اسلامی شریعت میں یہ نفی تمام اصول پر عمومیت پیدا کئے ہوئے ہے خدا کا ارشاد ہوتا ہے: یُرِیدُ اللّٰہُ بِکُمُ الیُسر وَ لَایُرِیدُ بِکُمُ العُسر (بقرہ:۱۸۵) اس کے اندر جو ایجابی و سلبی معنی پایا جاتا ہے وہ در حقیقت اس اصل پر تاکید ہے جسے ہم آئندہ بیان کریں گے۔ اس کی زبان و بیان اور سیاق اسلامی احکام کی طبیعت کو بیان کرنا ہے اور یہ صرف سارے استثنا اور اضطراری حالات سے مختص نہیں ہے یہ بالکل ٹھیک ایک دوسری آیت کے مانند ہے جس میں ارشاد ہوتا ہے :مایُریدُ اللّٰہُ لِیَجعَلَ عَلَیکُم مِن حَرَجٍ (مائدہ:۶) بلکہ اس سے بھی زیادہ وضاحت کے ساتھ اس آیت میں دین کو بیان کیا گیاہے:و مَاجَعَلَ عَلَیکُم فِی الدِّینِ مِن حَرَجٍ (حج:۷۸)

اس میں جو لفظ "دین" آیا ہے یہ تمام احکام کو شامل ہے یہاں تک کہ اصل تشریع میں تمام عقائد و معارف اور آداب و سنن نیز اضطراری موارد کو شامل ہے۔ جن آیات میں رواداری کا تذکرہ ہے اور وہ اسلامی احکام میں رواداری پر دلالت کرتی ہیں ان میں سے ایک آیت حضرت رسول اکرم صلی اللہ علیہ و آلہ وسلم کے اوصاف کے بارے میں ہے توریت میں بھی اس کا ذکر ہے اور بہت سے تشریعی احکام میں بھی ہیں: وَیَضَعُ عَنھُم اِصرَھُم وَالاَغلَالَ الَّتِی کَانَت عَلَیھِم": اور سنگین ذمہ داریوں کا بوجھ جو ان کی گردن پر تھا اور وہ پھندے جو ان پر پڑے ہوئے تھے ان سے ہٹا دیتا ہے (اعراف:۱۵۷) یعنی یہ آخری پیغمبر صلی اللہ علیہ و آلہ وسلم شرعی احکام میں جو بہت سخت و دشوار ہیں انہیں اپنے پیروکاروں کے کندھے سے اٹھالیتے ہیں جب کہ یہ دشوار احکام یہودیوں کی گردن پر غل و زنجیر کے مانند سنگین تھے۔ نیز اس

آیت میں ارشاد ہوتا ہے۔ یُرِیدُ اللّٰهُ اَن یُّخَفِّفَ عَنکُم وَ خُلِقَ الاِنسَانُ ضَعِیفاً: خدا تمھارے لئے آسانی چاہتا ہے اور انسان کمزور پیدا کیا گیا ہے۔ (نساء:۲۸)

اسلامی شریعت کے خصوصیات میں سے ایک چیز یہ بھی ہے کہ ایک طرف سہولت وسادگی بھی ہے اور دوسری طرف مصلحت بھی ہے یہ بات آغاز سے لے کر آخر تک پائی جاتی ہے ہم بہت سے فقہی احکام میں اس بات کا مشاہدہ کررہے ہیں کہ وہ لوگوں کی حالت کی رعایت کرتے ہوئے وضع کئے گئے ہیں لیکن جب کوئی عذر یا مجبوری سامنے آجاتی ہے تو انہیں بدل دیا جاتا ہے یا ساقط کر دیا جاتا ہے یا ان کے بدلے میں آسان حکم صادر کیا گیا ہے جیسے :وضو اور غسل کے بدلے میں تیمم قرار دیا گیا ہے یا وقت معین و مخصوص میں اگر کوئی کام انجام نہ پاسکے تو بعد میں اس کی قضا و تدارک کا موقع فراہم کیا ہے یا حائض عورت سے نماز کو معاف کیا ہے اور اس کے لئے ماہ رمضان کے بعد اگرچہ تاخیر ہی سے سہی روزہ کو واجب قرار دیا ہے۔ اسی طرح محتاج و بیمار اور کمزور افراد سے حج و جہاد کو معاف کیا ہے نیز اگر نابینا و گونگے اور بیمار افراد اپنے رشتے داروں کے گھر سے کچھ کھالیں تو ان کے لئے چھوٹے کوئی گناہ نہیں ہے '':

لَیسَ عَلَى الاعمٰی حَرَجٌ وَ لَاعَلَى الاَعرَجِ حَرَجٌ وَ لَا عَلَى المَرِیضِ حَرَجٌ وَ لا عَلٰی اَنفُسِکُم اَن تَاکُلُوا مِن بُیُوتِکُم او بُیُوتِ آبَائِکُم اَو بُیُوتِ اَمَّهَاتِکُم اَو بُیُوتِ اِخوَانِکُم اَو بُیُوتِ اَخَوَاتِکُم اَو بُیُوتِ اَعمَامِکُم

'':اس بات میں نہ تو اندھے آدمی کے لئے مضائقہ ہے اور نہ لنگڑے آدمی پر کچھ الزام ہے اور نہ بیمار پر کوئی گناہ ہے اور نہ خود تم لوگوں پر کہ اپنے گھروں سے کھانا کھاؤ یا اپنے باپ دادا، نانا کے گھروں سے یا اپنی ماں، دادی، نانی کے گھروں یا اپنے بھائیوں کے گھروں سے یا اپنی بہنوں کے گھروں سے یا اپنے چچاؤں کے گھروں سے

"(نور:٦١) یا وہ باتیں جو پیغمبر اکرم صلی اللہ علیہ و آلہ وسلم اور مومنین کے بارے میں ان کے منھ بولے بیٹوں کی مطلقہ بیویوں کے متعلق ہیں ان تمام امور کا بیان سورۂ احزاب کی آیات ٣٧،٣٨ میں ہے۔

اس امر یعنی سہولت وسادگی اور تشریع میں مصلحت کے درمیان جمع کرتے ہوئے عبادات اور دوسرے امور کی طرف بھی اشارہ کیا جا سکتا ہے جن میں فرائض اور مستحبات کو بیان کیا گیا ہے، ہر عبادت بلکہ ہر عمل میں کچھ چیزیں فریضہ (واجب) ہوتی ہیں اور کچھ چیزیں سنت یعنی مستحب ہوتی ہیں چنانچہ ہر نماز میں کچھ اذکار وافعال واجب ہوتے ہیں اور کچھ مستحب، حج اور دوسری عبادتوں کا بھی یہی حال ہے۔

اسلامی قوانین کی دوسری خصوصیت یہ ہے کہ ایک چیز کے امر اور اس کی ضد کے درمیان جمع یا اس کے برعکس یہ ہے کہ یہ ایک قرآنی اصل ہے اور قرآن نے بہت سی آیات میں تاکید وتوضیح اور امور میں تسہیل کے عنوان سے بیان فرمایا ہے:

امر بالمعروف اور نہی عن المنکر کو مکی اور مدنی نو (٩) آیات میں بیان فرمایا ہے وہ آیات مندرجہ ذیل ہیں:

١۔وَ لتکُن مِّنکُمۡ اُمّۃٌ یَدعُونَ اِلی الخیروَ یَامُرُونَ بِالۡمَعروفِ وَ یَنۡھُونَ عَنِ المُنکَرِ وَ اُولَٓئِکَ ھُمُ المُفلِحُونَ:اور تم میں سے ایک گروہ (ایسے لوگوں کا بھی) تو ہونا چاہئے جو (لوگوں کو) نیکی کی طرف بلائے اور اچھے کام کا حکم دیے اور برے کاموں سے روکے اور ایسے ہی لوگ (آخرت میں) اپنی دلی مرادیں پائیں گے۔ (آل عمران:١٠٤)

٢۔کُنتُم خیر امّۃٍ اَخرجت للنَّاس تَامُرُونَ بِالمعروفِ وَ تَنۡھونَ عَنِ المُنۡکَرِ و تُومِنُونَ بِاللہ: تم کیا اچھے گروہ ہو کہ لوگوں کی ہدایت کے واسطے پیدا

کئے گئے ہو تم (لوگوں کو) اچھے کام کا حکم کرتے ہو اور برے کاموں سے روکتے ہو اور خدا پر ایمان رکھتے ہو۔ (آل عمران:۱۱۰)

۳۔يُومِنُونَ بالله وَ اليومِ الآخِرِ وَ يَامُرُونَ بِالمَعْرُوفِ وَ ينهَونَ عَنِ المُنكَرِ وَ يُسَارِعُونَ فِى الخَيراتِ وَ اُولٰئِکَ مِنَ الصَّالِحِين:خدا اور روز آخرت پر ایمان رکھتے ہیں اور اچھے کام کا حکم کرتے ہیں اور برے کاموں سے روکتے ہیں اور نیک کاموں میں دوڑ پڑتے ہیں اور یہی لوگ تو نیک بندوں میں سے ہیں۔ (آل عمران:۱۱۴)

یہ تینوں آیات سورۂ آل عمران میں نازل ہوئی ہیں، امر بالمعروف اور نہی عن المنکر دونوں کو ایک ساتھ بیان کیا گیا ہے ان آیات میں خیر و نیکی کی طرف دعوت دی گئی ہے، نیک کاموں کو جلد انجام دینے کا حکم دیا گیا ہے، خدا و قیامت پر ایمان لانے کے لئے زور دیا گیا ہے نیز یہ اعلان کیا گیا ہے کہ جو لوگ ان اعمال کو انجام دیں گے وہ صالح و نیک افراد ہوں گے اور آخر کار نجات پا کر رہیں گے۔ ان سارے اعمال کو اسلامی امت کے اہم خصوصیات کے عنوان سے بیان فرمایا ہے اور پھر آخری آیت میں اہل کتاب مومنین کے خصوصیات کو بھی بیان کیا گیا ہے۔ سب سے زیادہ قابل غور بات یہ ہے کہ اسی طرح سورۂ توبہ کی مسلسل تین (۳) آیتوں میں امر بالمعروف اور نہی عن المنکر کو بیان کیا گیا ہے چنانچہ پہلی آیت میں اس کے بر عکس یعنی امر بہ منکر و نہی عن المعروف کو منافقین کے خصوصیات میں سے بتایا گیا ہے:

۱۔اَلمُنَافِقُونَ وَ المُنَافِقَاتُ بَعضُهُم مِن بَعضٍ يَامُرُونَ بِالْمُنكَرِ وَ يَنهَونَ عَنِ المَعرُوفِ وَ يَقبِضُونَ اَيدِيَهُم نَسُوا الله فَنَسِيَهُم اِنَّ المُنافِقِينَ هُمُ الفَاسِقُونَ:منافق مرد اور منافق عورتیں ایک دوسرے

کے ہم جنس ہیں کہ (لوگوں کو) برے کام کا حکم کرتے ہیں اور نیک کاموں سے روکتے ہیں اور اپنے ہاتھ (راہ خدا میں خرچ کرنے سے) بند رکھتے ہیں (سچ تو یہ ہے کہ یہ لوگ خدا کو بھول بیٹھے تو خدا نے بھی (گویا) انہیں بھلا دیا بیشک منافقین بد چلن ہیں۔ (توبہ:٦٧)

٢۔وَ الْمُوْمِنونَ وَ الْمُوْمِنَاتِ بَعْضُهُمْ اَوْلِیَاءُ بَعْضٍ یَاْمُرُوْنَ بِالْمَعْرُوْفِ وَ یَنْهَوْنَ عَنِ الْمُنْکَرِ وَ یُقِیْمُونَ الصَّلٰوۃَ وَ یُوتُونَ الزَّکٰوۃَ وَ یُطِیْعُونَ اللّٰہَ وَ رَسُولَہ اُولٰئکَ سَیَرْحَمُهُمُ اللّٰہُ:اور ایماندار مرد اور ایماندار عورتیں ان میں سے بعض کے بعض رفیق ہیں لوگوں کو اچھے کام کا حکم دیتے ہیں اور برے کام سے روکتے ہیں اور نماز پابندی سے پڑھتے ہیں اور زکوٰۃ دیتے ہیں اور خدا اور اس کے رسول صلی اللہ علیہ و آلہ وسلم کی فرمان برداری کرتے ہیں یہی لوگ ہیں جن پر خدا عنقریب رحم کرے گا۔ (توبہ:٧١)

٣۔التَّائِبُونَ الْعَابِدُونَ الْحَامِدُونَ السَّآئِحُونَ الرَّاکِعُونَ السَّاجِدُونَ الآمِرُونَ بِالْمَعْرُوفِ وَ النَّاهُونَ عَنِ الْمُنْکَرِ وَ الْحَافِظُونَ لِحُدُودِ اللّٰہِ وَ بَشِّرِ الْمُومِنِینَ:(یہ لوگ)توبہ کرنے والے ، عبادت گزار(خدا کی) حمد و ثنا کرنے والے (اس کی راہ میں) سفر کرنے والے ، رکوع کرنے والے ،سجدہ کرنے والے ،نیک کام کا حکم کرنے والے اور برے کام سے روکنے والے اور خدا کی (مقرر کی ہوئی) حدوں کو نگاہ میں رکھنے والے ہیں اور (اے رسول صلی اللہ علیہ و آلہ وسلم !ان) مومنین کو (بہشت کی) خوشخبری دے دو۔ (توبہ:١١٢)

آپ نے ملاحظہ کیا کہ پہلی آیت میں نیکی سے روکنا اور برائی کا حکم دینا یہ نفاق و بخل ،خدا کو فراموش کرنے ، اس کی نافرمانی کرنے اور فسق کا لازمہ بتایا گیا ہے لیکن دوسری اور تیسری آیتوں میں امر بالمعروف و نہی عن المنکر کو کچھ نیک خصلتوں کا لازمہ بتایا گیا ہے ان میں سے بعض یہ ہیں: خدا پر ایمان ، اقامۂ نماز ، ادائے زکوٰۃ، اطاعت خدا اور سول

صلی اللہ علیہ و آلہ وسلم، اسی طرح توبہ کرنے والوں، عبادت کرنے والوں، حمد وثنا کرنے والوں، روزہ رکھنے والوں، جہاد کرنے والوں، سجدہ اور رکوع کرنے والوں، حدود الٰہی کی رعایت کرنے والوں کے خصوصیات کو بھی بیان کیا گیا ہے اور یہ بتایا گیا ہے کہ یہ سارے لوگ رحمت الٰہی کے سایہ میں ہوں گے اور ان سب کا انجام بہت اچھا ہوگا انہیں یہ بشارت دی جاچکی ہے۔

ان کے علاوہ قرآن میں دوسرے مقامات پر اس کا حکم دے کر اس کی ضد سے ایک ہی ساتھ منع بھی کیا ہے ان میں سے ایک مورد یہ ہے کہ اتحاد کی تاکید کرتے ہوئے اختلاف و تفرقہ سے روکا ہے ارشاد ہوتا ہے:وَ اعۡتَصِمُوا بِحَبۡلِ اللّٰهِ جَمِيۡعاً وَّ لاَتَفَرَّقُوا:تم سب لوگ خدا کی رسی کو مضبوطی سے پکڑ لو اور تفرقہ ایجاد نہ کرو۔(آل عمران:۱۰۳)

ہم یہ مشاہدہ کرتے ہیں کہ اس قرآنی اصل کی رعایت بہت سے اہم موارد کے لئے ایک ہی آیت میں یا پھر مسلسل کئی آیات میں کی گئی ہے: کفر و ایمان، توحید و شرک، امانت و خیانت، عدالت و ظلم، صلاح و فساد، الفت و نفاق، دوستی و دشمنی، سرکشی و سربراہی، اطاعت و نافرمانی، خطرہ سے خبردار کرنا اور احتیاط کرنا، خوشنودی و نفرت، خوبی و بدی، ہدایت و گمراہی، راہ راست و گمراہی اچھائی اور برائی، بدبختی و خوش بختی، خدا اور راہ خدا سے روکنا، نفاق و وفاق، خیر و شر، اسراف و تنگدستی، استواری و ناپائیداری، نفرت و محبت ،کوری و بینائی، عہد و پیمان کی وفاداری اور نقض پیمان ہماری نظر میں قرآن نے جو اس اصل کو اپنی توجہ کا مرکز قرار دیا ہے یہ وہی اصل ہے جو علم اصول میں اس صورت میں تجلی پیدا کئے ہوئے ہے:"جب کسی چیز کا حکم دیا جاتا ہے تو اس کا لازمہ ہوتا ہے کہ اس کی ضد سے بھی روکا جائے"۔

قرآن کی تشریعی آیات کے خصوصیات میں سے ایک یہ بھی ہے کہ ان میں سے بعض آیات میں کسی حکم کی مصلحت یا مضرت کے بارے میں اشارہ موجود ہوتا ہے تاکہ بندے مکمل طور سے اس مسئلے کے بارے میں باخبر رہیں اور اس سلسلے میں کہیں کہیں مصلحت و مضرت کے درمیان ایک توازن ایجاد ہوا ہے جو فقہاء کو ایک دستاویز دیتا ہے تا کہ حکم شرعی کو بیان کرنے کے سلسلہ میں اور مسئلہ کے ایک رخ کو دوسرے رخ پر ترجیح دینے میں خصوصاً قائلین کے نظریہ کے مطابق "قیاس منصوص و غیر منصوص" کے لحاظ سے اس سے استفادہ کریں۔

اس سلسلے میں آیت "الخمر و المیسر" کو بیان کیا جاسکتا ہے: یَسْئَالُونَکَ عَنِ الْخَمْرِ وَ الْمَیْسِرِ قُلْ فِیْهِمَا اِثْمٌ کَبِیْرٌ وَّ مَنَافِعُ لِلنَّاسِ وَ اِثْمُهُمَا اَکْبَرُ مِنْ نَّفْعِهِمَا:(اے رسول صلی اللہ علیہ و آلہ وسلم !)تم سے لوگ شراب اور جوئے کے بارے میں پوچھتے ہیں تو تم ان سے کہہ دو کہ ان دونوں میں بڑا گناہ ہے اور (کچھ) فائدے بھی ہیں اور ان کے فائدے سے ان کا گناہ بڑھ کے ہے۔ (بقرہ:۲۱۹)

پھر سورۂ مائدہ کی آیت نمبر ۹۰، ۹۱ میں بھی تقریباً ایسی ہی باتیں ہیں:

يَا أَيُّهَا الَّذِينَ آمَنُوا إِنَّمَا الْخَمْرُ وَالْمَيْسِرُ وَالْأَنصَابُ وَالْأَزْلَامُ رِجْسٌ مِّنْ عَمَلِ الشَّيْطَانِ فَاجْتَنِبُوهُ لَعَلَّكُمْ تُفْلِحُونَ (۹۰) إِنَّمَا يُرِيدُ الشَّيْطَانُ أَن يُوقِعَ بَيْنَكُمُ الْعَدَاوَةَ وَالْبَغْضَاءَ فِي الْخَمْرِ وَالْمَيْسِرِ وَيَصُدَّكُمْ عَن ذِكْرِ اللَّهِ وَعَنِ الصَّلَاةِ ۖ فَهَلْ أَنتُم مُّنتَهُونَ (۹۱)

:اے ایماندارو! شراب اور جوا اور بت اور پانسے تو بس ناپاک (برے)شیطانی کام ہیں تو تم لوگ اس سے بچے رہو تاکہ تم فلاح پاؤ شیطان کی تو بس یہی تمنا ہے کہ شراب اور جوئے کی بدولت تم میں باہم عداوت و دشمنی ڈلوادے اور خدا کی یاد اور نماز سے باز رکھے تو کیا تم اس سے باز آنے والے ہو؟(توبہ:۹۰، ۹۱)

احادیث نبوی میں تشریع کے بارے میں نرمی رواداری کے متعلق کافی تاکید کی گئی ہے۔ حضرت رسول اکرم صلی اللہ علیہ و آلہ وسلم کی اس مشہور حدیث پر غور کیا جائے:
بعثت علی الشریعۃ السمحۃ السھلۃ: میں آسان اور سہل شریعت پر مبعوث کیا گیا ہوں۔ آنحضرت صلی اللہ علیہ و آلہ وسلم نے اپنی شریعت کی توصیف میں دو(۲) خصوصیات کو ایک ساتھ بیان کیا ہے: سادگی اور آسانی۔ ہماری نظر میں یہ دونوں ایسی صفتیں ہیں جن سے ایک ہی چیز یعنی "سادگیِ شریعت" کا بیان کرنا مقصود ہے یہ دونوں الفاظ مترادف ہیں لیکن تھوڑا سا غور کرنے کے بعد اندازہ ہو جائے گا کہ دونوں میں کیا فرق ہے:

تسامح: لغت میں اس کے معنی یہ ہیں: نرمی، دوسرے مطلوب کے ساتھ موافقت، گناہ کو معاف کرنا اور کسی کام میں آسانی پیدا کرنا۔ بنابر ایں آسانی لازمہ ہے تسامح کا اور یہ اس کے معنی کے ایک حصہ کو تشکیل دیتا ہے اور لفظ تسامح، معنی کے لحاظ سے سہولت و سادگی سے زیادہ جامعیت رکھتا ہے۔

کتاب "فی فقہ الاولویات" میں ڈاکٹر قرضاوی نے ص ۷۱، ۷۲ پر اس سلسلے میں آنحضرت صلی اللہ علیہ و آلہ وسلم کی چند روایات کو کتاب "صحیح الجامع الصغیر" کے حوالہ سے نقل کیا ہے ان میں سے بعض یہ روایات ہیں:

آنحضرت صلی اللہ علیہ و آلہ وسلم نے فرمایا: خدا کے نزدیک پاک اور آسان ادیان بہت زیادہ محبوب ہیں۔ نیز آپ صلی اللہ علیہ و آلہ وسلم نے فرمایا: سب سے اچھا دین وہ ہے جو سب سے زیادہ سادہ ہے۔ عائشہؓ کہتی ہیں: جب آنحضرت صلی اللہ علیہ و آلہ وسلم کو دو(۲) چیزوں کے بارے میں اختیار دیا جاتا تھا تو ان میں سے جو چیز آسان ہوتی تھی آپ اسی کو اختیار فرماتے تھے (بشرطیکہ گناہ کا باعث نہ ہوتی تھی) اور اگر گناہ کا باعث بنتی تھی

تو آپ لوگوں کو پرہیز کی تاکید فرماتے تھے۔ جس وقت آنحضرت صلی اللہ علیہ و آلہ وسلم نے ابو موسیٰ اور معاذ کو یمن بھیجا تو دونوں سے یہ تاکید کر دی: وہاں لوگوں کے لئے آسانی پیدا کرنا سختی نہ کرنا اور ہمیشہ انہیں خوشی کی خبریں سنانا نیز دوسروں کو اپنے سے دور نہ کرنا"۔

ڈاکٹر قرضاوی نے کہا ہے: اس کتاب کے ایک حصہ میں "آسانی و سادگی کو سختی و دشواری پر ترجیح حاصل ہے" کے عنوان سے جامع و مفصل بحث کی ہے۔

فقہی قواعد

تشریع احکام کے سلسلے میں تسامح اور رواداری پر دلالت کرنے والی انہیں روایات پر ہم اکتفا کرتے ہیں اس سلسلے میں فقہی قواعد کے صرف چند نمونے بیان کر رہے ہیں:

۔ آیات عسر و حرج کے سلسلے میں "قاعدۂ عسر و حرج" کو نہایت جامعیت کے ساتھ بیان کیا گیا۔

۔ "قاعدۂ ضرر" جو حضرت رسول اکرم صلی اللہ علیہ و آلہ وسلم کی حدیث سے ماخوذ ہے اس میں آپ نے فرمایا ہے: لاضرر ولاضرار فی الاسلام: اسلام میں نقصان پہنچانا اور نقصان اٹھانا کچھ بھی نہیں ہے۔

اس کے بارے میں بہت سی تفسیریں وارد ہوئی ہیں اور بزرگ علماء نے اس قاعدہ کی شرح میں مفصل رسالے لکھے ہیں اور یہ بتایا ہے کہ کن موارد میں یہ قاعدہ جاری ہو گا۔ یہ قاعدہ دلالت کرتا ہے کہ دوسروں کو نقصان نہ پہنچایا جائے اور ضرر کے معنی یہ ہیں کہ دو (۲) افراد ایک دوسرے کو نقصان نہ پہنچائیں یہ دونوں چیزیں اسلام میں جائز نہیں ہیں البتہ بعض لوگوں نے اس قاعدہ کو بہت زیادہ وسعت دی ہے اور یہ کہا ہے کہ جس

طرح دوسروں کو نقصان پہنچانا ٹھیک نہیں ہے اسی طرح خود اپنے کو بھی نقصان پہچانا ٹھیک نہیں ہے بہر حال نقصان پہنچانا تشدد اور جارحیت کا باعث بنتا ہے اور یہ تسامح، نرمی اور رواداری کے برخلاف ہے۔

۔ قاعدۂ برائت: جب انسان بے اطلاع و نادان ہو، یہ قاعدہ عبادات و اعمال اور خورد و خوراک میں بہت سی آسانیاں پیدا کرتا ہے اس قاعدہ کی بنیاد پر جس کام کی حرمت کا علم نہ ہو وہ حلال ہے اور جس کام کے واجب ہونے کا علم نہ ہو وہ مباح و جائز ہے اسے ترک کیا جاسکتا ہے اور یہ برائت عقلی و شرعی دونوں کو شامل ہے (یعنی انجام دینے والے کو کا باعث ہے)اور یہ قاعد "حدیث رفع "(رفع عن امتی تسع:میری امت سے نو(۹) چیزیں معاف کی گئی ہیں) سے اخذ کیا گیا ہے ان سارے امور میں لوگوں کے لئے آسانی پیدا کی گئی ہے۔

۔ایک قاعدہ، نماز میں شک کے بارے میں ہے کہ جب کسی کو کثرت کے ساتھ شک ہونے لگے تو وہ اپنے شک کی کوئی اعتنا نہیں کرے گا۔

۔ایک قاعدۂ قصاص یا حکم قصاص ہے اس کے متعلق خدا کا ارشاد ہے: وَ لَكُمْ فِی الْقِصَاصِ حَیٰوۃٌ یَا اُولِی الْاَلْبَابِ:اے صاحبان عقل! تمھارے لئے قصاص میں زندگی پوشیدہ ہے۔ (بقرہ: ۱۸۹) تمام موارد میں قصاص کرنا چین و سکون کا باعث ہے اور اس سے مشقت و سختی ختم ہوتی ہے۔

ایک قاعدہ یہ بھی ہے کہ مومن کی بات تسلیم کی جائے مگر یہ کہ اس پر تہمت لگی ہوئی ہو۔

ایک قاعدہ یہ ہے کہ مومن کے ہر عمل کو صحیح تسلیم کیا جائے اس سے معاشرت، اموال کے لین دین، تجارت میں مشارکت اور اس طرح کے دوسرے امور میں بہت

آسانی پیدا ہو جاتی ہے۔

ضمان کے نام سے ایک قاعدہ ہے جسے حضرت رسول اکرم صلی اللہ علیہ و آلہ وسلم کی حدیث سے اخذ کیا گیا ہے: "جو شخص کسی چیز کو لیتا ہے تو وہ جیسی تھی اسی طرح واپس کر نا ضروری ہے"۔ اس کا فائدہ یہ ہے کہ جب اس قاعدہ پر عمل کیا جائے گا تو نزاع و دشمنی ختم ہو گی اور دوسروں کے اموال کو کوئی نقصان نہ ہو گا۔

۔ایک قاعدہ یہ ہے کہ مسلمانوں کی جان و مال اور ناموس کا احترام ضروری ہے اس پر عمل کرنے سے خاندانوں اور معاشرہ کے درمیان امن و سلامتی برقرار ہو گی اور اسلامی امت کے مختلف شعبوں میں سکون ہو گا۔

قضاو فیصلہ کا ایک قاعدہ یہ ہے جس پر حضرت رسول اکرم صلی اللہ علیہ و آلہ وسلم کی یہ حدیث دلیل ہے: "مدعی کا فریضہ ہے کہ وہ دلیل پیش کرے اور منکر کا وظیفہ یہ ہے کہ وہ قسم کھائے"۔ اس سے بہت سے غلط دعوے ختم ہو جاتے ہیں اور اس سے لوگوں کے حقوق کی رعایت ہوتی ہے۔

۔ایک قاعدہ "نفی سبیل" ہے کہ ایک دوسرے کی نسبت لوگوں کے اعمال کی قدرت، محدود ہو جاتی ہے۔

۔ایک قاعدۂ "مقاصد" (اغراض و مقاصد") ہے جو فقہ خصوصاً اہل سنت کی فقہ میں بہت موثر ہے۔ ہم نے یہاں پر جو کچھ ذکر کیا یہ فقہ کے مشہور قواعد کو شامل ہیں۔ ان کے علاوہ بہت سے دوسرے بھی فقہی احکام ہیں جن سے اجمالاً یہ پتہ چلتا ہے کہ اسلام بہت آسان اور سادہ ہے اور اس کے احکام و تشریع میں رواداری موجود ہے۔

***

آہستگی سے بے گزند
اور دوری بے فغاں ہو جسم کی اور روح کی
کیا سبک رفتار کر دیتی ہے ہم کو بے دلی بے حاصلی
جیسے اک بادل کا ٹکڑا
اپنی چھاگل پھینک دے اونچی فضاء میں
پیاسے ذروں کی طرف
پھر ہلکے پھلکے پنکھ پھیلائے، اڑے
ہلکورے لے
اک مٹتی بنتی رنگ کی تحریر سی
سیراب ذرے اس کو دیکھیں
اور پکار اُٹھیں
وہ کافوری سا شعلہ، عظمتِ نارس!
دوام درد ہے وہ سرخ نرمل روشنی
(لو سانس کے سر چشمے سوکھے ہر شکایت مٹ گئی)
کیا شکایت سانس کے سر چشمہ سے ان کو رہی
جو سانس لیتے ہیں یہاں؟
موج بے ہنگام خندہ
کیسے پھوٹی میرے لب سے
کوئی شکتی ہم میں ہے؟
جو یوں ہمیں پامال کر کے ہنس سکے!

یہ ہمیں آغاز ہی سے ختم کرنے پر تلی تھی
چاہے پھر خود ہی مجاور بن سکے انجام کار
احتجاج اس کا جو اک شکتی ہے مجھ میں
کس قدر پر شور ہے
کس قدر پر زور ہے
نغمہ زارِ درد سے آگے لئے جاتا مجھ کو
ان فضاؤں میں جہاں
باز گشت اک گیت بن جاتی ہے اس کی
جیسے سب ٹیلے چٹانیں اور کہستان
سانس کے چشمے میں شامل ہیں
دھڑکتے ذی نفس اور ہم نوا!

* * *